当事者主権

増補新版

中西正司 Shoji Nakanishi
上野千鶴子 Chizuko Ueno

Eurus
Notus
Boreas
Zephyrus

岩波新書
2042

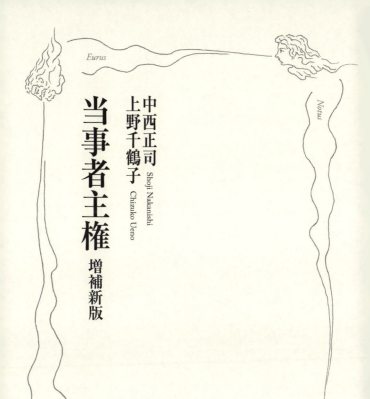

目次

目　次

序章　当事者宣言

いま、障害者、女性、高齢者、患者、不登校者、ひきこもりや発達障害の当事者などが元気である。能率、効率がもっとも尊ばれる社会のなかにあって、もっとも適応しなかった人たちの集団、庇護《ひご》と管理の下に置かれたマイノリティと言われる人たちである。そこから、自立生活運動、フェミニズム、レズビアン&ゲイ解放運動など、当事者を担い手としたユニークな活力あふれる活動が生まれ、社会に大きな影響を与えつつある。

1　当事者主権とは何か

当事者とは誰か？　当事者主権とは何か？

ニーズをもったとき、人は誰でも当事者になる。ニーズを満たすのがサービスなら、当事者とはサービスのエンドユーザーのことである。だからニーズに応じて、人は誰でも当事者になる可能性をもっている。

当事者とは、「問題をかかえた人々」と同義ではない。問題を生み出す社会に適応してしまっては、ニーズは発生しない。ニーズ(必要)とは、欠乏や不足という意味から来ている。私の現在の状態を、こうあってほしい状態に対する不足ととらえて、そうではない新しい現実を作りだそうとする構想力をもったときに、はじめて自分のニーズとは何かがわかり、人は当事者になる。ニーズはあるのではなく、作られる。ニーズを作るというのは、もうひとつの社会を構想することである。

ところで「当事者主権」とは、聞き慣れないことばだろう。このところ、当事者主義とか当事者本位という言い方が登場しているが、そういう標語が向かおうとしている方向と、本書は志を共にしている。だが、ここであえて、耳慣れない「当事者主権」ということばを打ち出したのも、当事者主義では、いろいろある主義主張のひとつ、それも偏った少数派の意見ととられがちだし、また当事者本位という言い方では、またしても「あなたがほんとうに必要なものを私たちが提供してあげましょう」というパターナリズム（温情的庇護主義）にからめとられてしまう危険性があるからだ。

当事者主権は、何よりも人格の尊厳にもとづいている。主権とは自分の身体と精神に対する誰からも侵されない自己統治権、すなわち自己決定権をさす。私のこの権利は、誰にも譲ることができないし、誰からも侵されない、とする立場が「当事者主権」である。

主権ということばは、これまで国家という統治の単位について使われてきた。中世までは王や君主が領土と領民を自由に処分する君主主権をもっていた。近代になってからは、国民国家が領土と国民に対する国家主権を行使してきた。私たちの生命と財産を守るはずの人為的な共同体である国家が、逆に主権を行使して、私たちを兵士に仕立て上げて戦場に駆り立てるなどという、本末転倒の事態も起きた。

当事者主権とは、私が私の主権者である、私以外の誰も――国家も、家族も、専門家も――私が誰であるか、私のニーズが何であるかを代わって決めることを許さない、という立場の表明である。

2 当事者であること

こんなことをわざわざ言わなければならないのも、これまで当事者の権利が奪われてきたからである。

当事者主権の要求、「私のことは私が決める」というもっとも基本的なことを、社会的な弱者と言われる人々は奪われてきた。それらの人々とは、女性、高齢者、障害者、子ども、性的少数者、患者、発達障害者、不登校者、などなどの人々である。この社会のしくみにうまく適応できないために「問題がある」と考えられ、その処遇を自分以外の人々によって決められてきた人々が、声をあげ始めた。

介護保険を例にとってみよう。これまでお世話を受ける立場だった高齢者が、介護サービスの利用者となり、介護は、「恩恵から権利へ」、「措置から契約へ」と大きく変化した。どんなサービスを、いつ、どれだけ受けるかは、利用者本人が、決定することができる。他人の助けを得なければ生活できない人でも、自分のニーズを自分で決定することができ、また当然の権利として、サービスを利用できるようになった。この画期的な変化の背後には、当事者主権の考え方がある。

介護保険の当事者とは、要介護者本人である。ニーズをもった要介護者が利用者であり、サービスの受益者である。だが当事者は、たんなる利用者、消費者ではない。

私たちがあえて、当事者主権ということばを選ぶのは、何よりも受け身の「お客様」扱いに対する抵抗からである。サービスの主人公は、それを提供する側ではなく、それを受けとる側にある、という考え方は、生産優位から消費優位への市場の構造の転換と対応しているが、同時に、「利用者本位」、「お客様本位」というフレーズが、「お客様」のどのような無理難題にも応じなさいという、サービス労働者の搾取に結びついてきたことも、考慮しなければならない。当事者主権とは、サービスという資源をめぐって、受け手と送り手のあいだの新しい相互関係を切りひらく概念でもある。

3　自立支援と自己決定

私たちがこの本で言う「当事者主権」の考え方を、鮮明にうちだしたのが、障害者自立生活運動であった。この本は、その運動の達成から生まれている。

二〇〇三年四月から、障害者に対して支援費制度が導入された。支援費制度は介護保険制度のあとに成立したが、利用者の自己決定によるサービス利用制度という介護保険の基礎理念にあたる考え方の先駆けを作ったのは、じつは自立生活運動であった。

支援費制度の考え方は介護保険と同じく、必要なサービスの内容を利用者が自己決定するという考え方にもとづいている。目的は障害者の自立支援である。

二四時間介助を要する障害者が「自立生活」を送る、という考え方は、「自立」をめぐるパラダイム転換によってもたらされた。「パラダイム」とは、世界観の枠組み、ものの見方の基本をさす。「自立」という概念のパラダイム転換をもたらしたのは、「青い芝の会」をはじめとする七〇年代以来の障害者運動だった。この障害者運動の歴史的な経緯については、次の章でさらに詳しく論じよう。

障害者の自立とは何か。二四時間介助を受けても、自立していると言えるのか？

自立生活運動が生んだ「自立」の概念は、それまでの近代個人主義的な「自立」の考え方――誰にも迷惑をかけずに、ひとりで生きていくこと――に、大きなパラダイム転換をもたらした。

ふつう私たちは「自立」と言うと、他人の世話にならずに単独で生きていくことを想定する。だがそのような自立は幻想にすぎない。どの人も自分以外の他人によってニーズを満たしてもらわなければ、生きていくことができない。

社会は自立した個人の集まりから成り立っているように見えて、その実、相互依存する人々の集まりから成り立っている。人生の最初にも、最期にも、人と人が支え合い、お互いに必要を満たしあって生きるのはあたりまえのことであり、誰かから助けを受けたからといって、そのことで自分の主権を侵される理由にはならない。

人々が相互依存して生きている社会で、他人の助けを得ないことが、なぜ理想とされるのか。誰からも助けを得ない人は、豊かな人生を送っているとは言えない。障害をもった人が、必要な助けを必要なだけ得られる社会は、どんな人も安心して生きていける社会だ。それは、障害の有無にかかわらず、私が私の人生の主人公であることを貫くためである。障害者運動から生まれた「自立」の概念は、非障害者を標準にできあがった、それまでの「自立」観を、大きく変えた。

介護保険は施行五年後の第一回改定で、初めは家事援助と呼ばれたサービスを、生活援助と呼びかえるようになった。介護保険の在宅支援の目的は、要介護の高齢者に、住み慣れた自分の家での自立生活をサポートすることである。「自分のニーズは自分で決める」ことができているかぎり、そのニーズを満たすために他人の助けを借りなければならないからといって、「自立」していないとは言えない。

高齢者に限らず、誰でもニーズを他人に満たしてもらいながら自立生活を送っている。そう考えれば、高齢の要介護者や障害者の「自立生活」は、ちっともふしぎなものではない。最期まで自立して生きる。そのために他人の手を借りる。それが恥ではなく権利である社会を作るために、障害者の当事者団体が果たしてきた役割は大きい。

4　当事者になる、ということ

私たちは当事者を「ニーズをもった人々」と定義し、「問題をかかえた人々」とは呼ばなかった。というのも何が「問題」になるかは、社会のあり方によって変わるからである。

誰でもはじめから「当事者である」わけではない。この世の中では、現在の社会のしくみに合わないために「問題をかかえた」人々が、「当事者になる」。社会のしくみやルールが変われば、いま問題であることも問題でなくなる可能性があるから、問題は「ある」のではなく、「作られる」。そう考えると、「問題をかかえた」人々とは、「問題をかかえさせられた」人々である、と言いかえてもよい。

例をあげて考えてみよう。脊椎損傷《せきついそんしょう》で下半身不随になり、移動のために車いすを使っている人がいるとしよう。私たちの社会はこの人を、中途障害者と呼び、障害者手帳を交付するが、もしありとあらゆる交通機関にエレベーターのアクセスがあり、街のなかに段差がなければ、この人は移動に何の「障害」も感じないに違いない。すわったままふつうに仕事ができ、食事もレジャーも楽しめ、そのうえ車いすサッカーやダイビングなどのスポーツを楽しむことだってできる。

車いすの人がハンディを感じずにすむような都市や、建築のあり方をユニバーサル・デザインと呼び、この考え方がようやく拡がってきた。デザインとは「設計」や「計画」のことでもあるから、社会の設計をユニバーサル・デザインで行えば、多くの「障害」を「障害」でなくすることは可能である。私たちは社会の設計を変えるだけで、「障害者」を減らすことができる。

それなら「障害者」に「問題」や「障害」をかかえこませた原因は、社会のしくみの側にあるのだから、それを補塡《ほてん》する責任が社会の側にあって当然だろう。そのように社会の設計を変えるということは、「障害」をもった(もたされた)人がハンディを感じずにすむだけでなく、障害のない(と見なされる)人々にとっても、住みやすい社会となるはずだ。

「女性問題」と呼ばれることがらを考えてみてもよい。「職業と家庭の両立」は、いつも女性にとって「問題」だ、と言われつづけてきたが、前近代までは、農家の主婦にとって「職業と家庭の両立」は問題にならなかったのだから、それは「職業と家庭の両立」がむずかしいような社会のしくみを作りあげてしまったことが原因である。しかも、それが「女の問題」であって、「男の問題」にならないのは、男がその「問題」を女にしわよせしてきたからである。女性解放運動は、それに対して、「問題」は女の側にではなく、社会の側にある、とパラダイム転換を行った。そのことで、みずからが、社会の「お客様」ではなく、主人公、つまり「当事者」になったのである。

「職業と家庭の両立はむずかしい」と言う代わりに、「どのような条件のもとで、誰にとって、職業と家庭の両立はむずかしいのか」と、問いを立て替えてみよう。同じことをうらがえして、「どのような条件のもとでなら、女性にとっても男性にとっても、育児が就労継続の障害とならないですむか」と、問いを立てることもできる。そうすることによって、社会の設計のうえで「ユニバーサル・デザイン」を構想することができるだろう。そういう社会は、男にとっても、女にとっても、ひとり親にとっても、子育てがハンディにならずにすむ社会のはずだ。

当事者主権は、こういうパラダイム転換からもたらされた。この社会で、「お客様」であり、「厄介者」であり、「お荷物」であるとは、どういうことだろう。超高齢社会のなかで、誰もがいつかは「障害者」となり、ハンディをかかえこむことが予想されるとき、人生のうちで依存する者もおらず、人に依存する必要もない一時期にだけ合わせて作られた社会のしくみを、根本的に考え直す時機が来ている。

5　「医学モデル」から「社会モデル」へ

以上のようなパラダイム転換は、障害者の世界では「医学モデル」から「社会モデル」へと呼ばれる。

それまでの障害者は、個人に機能的欠陥があるために社会に不適応を起こす問題をかかえた人と見なされて、医学による治療や矯正の対象となってきた。これを「医学モデル」と呼ぶ。

他方「社会モデル」では、機能的欠陥があっても環境条件さえ変われば障害は障害にならない。視覚障害があっても音声出入力のパソコンがあればコミュニケーションに何の問題もないし、車いす生活者であってもバリアフリーの環境では移動に何の問題も起きない。

問題は社会の側にあるから、変わるべきは社会のほうだという考え方を「社会モデル」と呼ぶ。心身の機能的欠陥を impairment、社会が引き起こす障害を disability と区別する。後者の意味での「障害」とは、まさに impairment をもつ人々を「できなくさせる disabling」社会の側の障壁《しょうへき》なのであり、その意味での障害者とは、社会によってさまざまな活動を「できなくさせられた disabled」人々、なのである。

この社会モデルの考え方はその後、障害者福祉政策を大きく変え、国連の障害者権利条約にも影響を与えるようになった。

6　当事者運動の合流

もうひとつ、当事者主権をうちたてる時機が熟していると、私たちが考える理由がある。全国各地でばらばらに動いてきた当事者運動が、ようやくひとつの流れを作ってきていると思えるからだ。

いまや、専門家よりも当事者が、自分自身のことをいちばんよく知っている、自分の状態や治療に対する判断を専門家という名の第三者に任せないで、自己決定権をとりもどそう、という動きが、あらゆる分野で起きてきている。これを「当事者の時代」と呼ぼう。さまざまな分野で社会的な弱者や少数者と呼ばれる人々が、「当事者」の名のもとに、同じような動きを見せ始めたのである。

そして当事者運動は、直面している問題の多様性にもかかわらず、おどろくほど似たような展開をたどってきたこともしだいに明らかになった。お互いの経験を参照しながら、これまでばらばらに育ってきた当事者運動が、ひとつの大きなうねりをつくりだす時代に、私たちは立ち会っている。

7　専門家主義への対抗

当事者が「自分のことは自分で決める」というとき、まっさきにあがるのは「主観的」という批判である。その反対が、「客観的」であり、その判定をするのが専門家や第三者であるとされてきた。当事者主権の考え方は、何よりもこの専門家主義への対抗として成立した。

専門家とは誰か。専門家とは、当事者に代わって、当事者よりも本人の状態や利益について、より適切な判断を下すことができると考えられている第三者のことである。そのために専門家には、ふつうの人にはない権威や資格が与えられている。

そういう専門家が「あなたのことは、あなた以上に私が知っています。あなたにとって、何がいちばんいいかを、私が代わって判断してあげましょう」という態度をとることを、パターナリズムと呼んできた。パターナリズムはパーター（父親）という語源から来ており、家父長的温情主義とも訳す。夫が妻に「悪いようにはしないから、黙ってオレについてこい」とか、母親が受験生の息子に「あなたは何も考えなくていいのよ、お母さんが決めてあげるから」というのも、パターナリズムの一種である。

パターナリズムは医療の世界でもっとも横行してきた。しかも医療の世界におけるパターナリズムは、制度と法律で守られてきた。医療行為は医師資格のある人しか行うことができず、看護師の看護も「医師の指示のもとで」と法律で決められている。たとえ能力があっても、資格のない人が医療を行えば、違法行為と見なされる。

医療におけるインフォームド・コンセントは、医師の専制を、医師と患者による共同の意思決定に変えてきた。さらに、医療と介護の分離をめざした介護保険は、介護の医療からの自立性を確立し、「利用者本位」を謳《うた》うことで、当事者の自己決定をうちだしてきた。

障害者の世界では、この専門家主義の影響はたいへん強かった。非障害者である専門家が

「障害」を定義し、等級をつけ、非障害者に近づけるようにリハビリや治療方針を立て、彼らが適切と考えるライフスタイルをおしつけて施設収容を促進してきたからである。

これに対して障害者は、早い時期から当事者団体を作り、専門家支配に対抗してきた。病気と違って治療の対象とならない「障害」の場合には、何が自分のニーズか、自分にとって何が適切かをいちばんよく知っているのは当事者自身である。障害者のニーズは障害者の数ほど千差万別で標準化できない。また基準や条件が違えば、障害は少しも障害にならないことを、障害者自身がいちばんよく知っていた。

だが、一人ひとりの当事者が、専門家主義と対抗するのはむずかしい。当事者が、その多様性にもかかわらず、連帯する必要があるのは、このためでもある。当事者の時代は、当事者が連帯することによって作りだされた。

8　当事者学の発信

医療の専門家主義への対抗のなかから患者の患者による、患者のための患者学という当事者学も、生まれてきた。患者学とは、患者の視点から医療を変えていくために作られた。

医師に医学という専門知があるなら、患者に患者学という当事者の知があってもよい。それどころか、経験とデータにうらづけられた専門知に対抗するためには、患者にも当事者の経験の蓄積と共有、そしてその伝達が必要となる。たいがいの患者は、自分自身のことしか知らず、また患者になるのは初体験であることが多いから、専門知に対抗するのがむずかしい。患者学は当事者経験の共有と言語化を通じて、患者のことは患者自身がいちばんよく知っている、専門家は当事者発言に耳を傾けるべきだ、というメッセージを発信してきた。

専門知としてのこれまでの学問と当事者学との、もっとも大きな違いは、非当事者が当事者を「客体」としてあれこれ「客観的」に論じるのではなく、当事者自身がみずからの経験を言語化し、理論化して、社会変革のための「武器」にきたえあげていく、という実践性にある。

同じような動きを先駆的に実践したのが、フェミニズムがもたらした女性学であった。「女とはどんな生き物か」をめぐって古来からあれこれ論じてきた男の哲学者や宗教家たちはたくさんいたが、そのどれもが「女とはどんな生き物であってほしいか」、「あるべきか」をめぐる、ごつごう主義的な論議で、女自身の声は長いあいだ、表にあらわれなかった。

女が自分自身の経験を言語化したのが、女性学の成り立ちである。女性学とは「女とは何者か」を当事者自身が自己定義する試みであると言ってよい。考えてみれば、女や子ども、高齢者や障害者、性的少数者や患者などの社会的弱者とは、「自己定義権」を奪われてきた存在だった。その人たちが自分自身について語ることばは、聞く値うちのないことばとして、専門家から耳を傾けてもらえなかったのである。

専門家は「客観性」の名において、当事者の「主観性」を否定してきた。当事者学があきらかにするのは、当事者でなくてはわからないこと、当事者だからこそわかることがある、という主観的な立場の主張である。

したがって当事者主権とは、社会的弱者の自己定義権と自己決定権とを、第三者に決してゆだねない、という宣言でもある。

専門家が「客観性」の名においてやってきたことに対する批判が、ここにはある。というのも「客観性」や「中立性」の名のもとで、専門家は、現在ある支配的な秩序を維持することに貢献してきたからである。むしろ当事者学は、あなたはどの立場に立つのか、という問いを聞く人につきつけると言ってよい。社会的弱者にとっては、あなたが「何もしないこと」——不《ふ》作為《さくい》の罪——が、差別の加害者に加担する結果になるように、当事者学は、実のところ、どんな差別問題にも、非当事者はどこにもいない、ということをも明らかにしてきた。なぜなら、差別を受ける者が当事者なら、他方で差別をする者も、うらがえしの意味で差別の当事者だからである。

9　「公共性」の組み替え

私たちの社会は民主主義の社会だということになっているが、多数決民主主義、代表制の間接民主主義の原理のもとにある。当事者主権の考え方は、この代表制・多数決民主主義に対抗する。

そう言うと、ビックリする人もいるかもしれない。民主主義には欠陥があるが、これに代わるそれ以上の政治的制度はない、と信じている人たちが多いからである。だが、代表制の間接民主主義ばかりが民主主義ではない。民主主義には、直接民主主義や参加民主主義、そして多数決によらない合意形成のシステムもある。民主主義が多数決原理に拠《よ》っている限りは、人口の約九・二%と言われる障害者は決して多数派になれず、「最大多数の最大幸福」のために排除され抑圧される運命にある。

また、当事者主権の考え方は、第三者や専門家に自分の利益やニーズを代弁してもらうことを拒絶する。誰かを代弁することも、誰かに代弁されることも拒否し、私のことは私が決める、という立場が当事者主権だから、代表制の民主主義にはなじまない。

そのためには「最大多数の最大幸福」を基準とするような「公共性」の理念を組み替えなけ

ればならない。公共性は、少数者の犠牲のもとに成り立ってはならない。ラディカルな民主主義の立場は、少数者の多様性を容認し、他人と違っていていい権利、違うからといって差別されない権利を擁護《ようご》してきた。

ユニバーサル・デザインという考え方は、制度の設計にも用いられる。道具だけでなく社会の仕様を、誰もが障害を障害と感じなくてすむように設計すれば、社会が「障害者」を作るという側面はなくなる。階段にスロープをつけ、建物をバリアフリーにすれば、ラクになるのは障害者だけではない。山登りのときには、いちばん歩みの遅い人にペースを合わせる。落伍者《らくごしゃ》をひとりも出さずに、集団全体の安全を確保するためである。それと同じように、もっとも大きいニーズをもった者、「最後のひとり」に合わせて制度設計をすれば、他の人々にとっても生きやすくなる。

その反対に、現実の社会は、「平均」や「標準」に合わせて設計されている。実際には、「平均」や「標準」に合う人などどこにもいないから、ほとんどの人は「平均」や「標準」と自分をくらべてストレスに苦しむことになる。

制度がユニバーサル（普遍《ふへん》）であるとは、例外がひとりもない、という意味である。当事者主権とは、あなたがたの言う普遍は、私ひとりがそれにあてはまらないことで挫折《ざせつ》する、と宣言できる権利のことである。制度設計の基準を、平均にではなく「最後のひとり」に合わせる。そのためには多数決を絶対視しない。そういう合意形成を可能にするような、ラディカルな民主主義をめざしたい。

1章　当事者運動の達成してきたもの

この章では当事者運動の大きな牽引力《けんいんりょく》となった自立生活運動を例にとって、当事者運動の歴史とその達成について検討しよう。それは現状の点検と、これからのステップを踏むために、欠かせない課題だからである。以下の歴史的な経緯をふまえれば、当事者運動が現在すでに第二段階に入っていることが理解してもらえるだろう。

1　当事者運動の誕生

自立生活運動は、施設に閉じ込められ一生を送ることが決められた、重度障害者の絶望のなかから生まれた。障害を負ったというだけで、なぜ社会から保護という名目で排斥され、施設というハコのなかで無為の生活を強いられるのか。そんな一生なら、野垂《のた》れ死にしてもいいから、地域で一ヵ月でも暮らしたい、という希望を抱くものが出てきても当然であろう。

彼ら・彼女らは社会のなかで生活し、経験をつんで成長していくことを「危険を冒す権利」として訴え、みずからの人生の主権者であり、自己選択と自己決定によってこれからは生きていくのだと宣言した。これが自立生活運動である。

重度障害者が、施設から出て地域で暮らそうと自己決定するとき、今後地域で起こる介助者の不足、経済的な困難、社会経験の不足から来る不安感などあらゆるリスクを引き受けて、生死をかけてもこのままの生活はつづけたくないという決意が秘められている。こう決意したとき、両親、きょうだいなどの家族、教師、医師、看護師、リハビリテーションの専門家など、周囲のすべての権威とパターナリズムからの反対を乗りこえる強固な意思が必要になる。

障害をもたない者も、この自立生活運動から学ぶことは多い。はたしてどれだけの人が、障害者のように、みずからの人生の主権者として自己選択と自己決定にもとづいて生きているのだろうか。企業組織で働くとき、欠陥品を販売していると気づいたとき、自分の地位をかけて人生の主権者たりうるだろうか。いま日本社会が一番必要としているのは、一人ひとりの個人が、みずからの人生の責任ある当事者として生きることではなかろうか。

2　自立生活運動の歴史

一九八〇年にリハビリテーションに関連する医療・行政機関などの専門家団体で構成されるリハビリテーション・インターナショナルの世界会議が、カナダのウィニペグで開催された。

そのとき、障害当事者から、障害者の問題を扱うこの会議において当事者である障害者が、各国代表の委員に過半数参加することが必要不可欠だ、という動議が出された。

執行部は、その提起に動転した。それまで、リハビリテーションのなかで障害者は患者であっても、その業界の専門家に対して意見を言い、発言をする主体とは考えられていなかったからである。

執行部はこの提案を拒否し、障害当事者たちは、グループで討議をした結果、世界各国の障害種別を超えた統合的な障害者団体で構成された「障害者インターナショナル」ＤＰＩ(Disabled Peoples' International)を設立し、リハビリテーション・インターナショナルからわかれることを決定した。

ここで障害当事者が「われら自身の声」をあげ始める端緒《たんしょ》をひらいたのは、一九七二年にアメリカで始まった自立生活運動であった。

一九七〇年、アメリカで、カリフォルニア大学バークレー校の学生であったエド・ロバーツは、学内に介助サービス、車いす用学生寮、車いす修理サービス、障害者へのピアカウンセリングなどを提供し、障害学生支援を始めていた。七二年、大学を卒業するにあたり、地元のバークレー市で同じようなサービスを作りたいと考え、彼は、友人に呼びかけ、初の「自立生活センター」ＣＩＬ(Center for Independent Living)を設立した。

障害者自身がサービスの受け手から担い手になり、福祉サービスを提供する歴史が、ここに始まった。

七〇年代にアメリカで生まれた自立生活運動は、二〇年をかけて世界中に拡がっていく。日本でも同じ七〇年代に脳性まひ者の権利擁護運動を萌芽《ほうが》として始まり、八〇年代には個人としての障害者が地域で自立生活をする運動と、サービス事業体および運動組織としての自立生活センターの二つのサイドから障害者の自立生活が展開していった。

日本での障害当事者の運動は、神奈川県で障害児の養育に疲れた母親が、脳性まひのわが子を殺すという事件(一九七〇年)をきっかけに起きた。その母親の減刑嘆願運動が、周囲の人たちや同じような障害児がいる親などから起こり、世論やマスコミもそれをサポートし、執行猶予つきの判決が出された。

同じ年、それに反対する脳性まひ者たちの団体「青い芝の会」は、障害児を殺した母親は殺人者であると規定し、障害児の人権が守られないのであれば、自分たち成人の障害者の命も人にゆだねられることになる、として裁判所の判決に対して不服を申し立てた。

一九七三年は、日本のウーマンリブこと女性解放運動にとって、優生保護法改悪阻止の運動のピークとなった年であった。「産む、産まないは女(わたし)の権利」というスローガンを掲げて法案の成立阻止のために闘った女性の運動(のちに優生保護法改悪阻止連絡会を結成)は、中絶を国家や医者のような第三者が禁止したり認めたりすることへの反発から、「自分のからだをとりもどす」女自身の当事者運動だった。

だが、メディアの子捨て、子殺し報道があいつぐなかで、障害者団体から、「自分たちを殺す気か」と抗議の声があがり、障害者団体と女性団体とが対立するにいたった。障害者からの告発を真剣に受け止めた女性運動は、「胎児を切り刻む」自分を「子殺しの女」と規定し、障害者もその母も生きられない社会を告発して、その後、スローガンを「産める社会を、産みたい社会を」に変更していく。

ここにはふたつの問題が潜在している。ひとつは、女が母親として生きにくい社会は、障害者が障害者として生きにくい社会と重なっているにもかかわらず、差別された当事者どうしが対立しあうという、不幸な構図が成立したことである。

もうひとつは、たとえ社会的な弱者といえども、文脈によっては被害者から加害者になりうるということ、そしてこの点では親と子どもの利害はかならずしも一致しない、ということである。

たとえば障害児を家庭にかかえこんで世話をする母親は、福祉の貧困のしわよせを一手に引き受けてその負担の重さに呻吟《しんぎん》してきたが、他方で障害をもった子どもが家から出て自立しようとすることに、もっとも反対するのも母親であるというディレンマが存在した。

自立生活運動は、家族からも施設からも、当事者を解放しようとした。この運動は、障害者が地域で介助を受けて暮らすという福祉サービスが提供されるようになる端緒《たんしょ》となった。

一九七〇年、府中療育センターにおいて、障害者の人権侵害に対する抗議運動が起こった。当時の入居者の証言によれば、入居時に施設側の処遇に対して親や本人は反対ができないと同意させられた。また死亡時には解剖することに同意し、障害の予防・発生の研究に寄与することが明記された承諾書に署名することが強要されていた。同意は取ったというものの、脳性まひで痙攣《けいれん》があると、筋《きん》を実験的に切断されたり、脳をロボトミーされる、女性はズボンの入院着を着せられ、介助をラクにするために坊主にされ、子宮を摘出されたり、男性職員に入浴介助されるなどの人権侵害が横行していた。この抗議運動は、その後、二年間にわたる都庁前すわりこみに発展した。その結果として、施設の個室化と、地域で介助を受けて暮らすことのできる重度脳性麻痺者等介護人派遣事業(のちの全身性障害者介護人派遣事業)ができた。

この東京都の制度を基盤として、同様のサービスを国の制度にしていくことを求める運動が始まった。一九八六年には初めての本格的な自立生活センターである「ヒューマンケア協会」がスタートしている。府中闘争を担った一部の障害者と、地域生活を志向する全身性障害者によって、八八年に「全国公的介護保障要求者組合」が作られ、九一年には要求者組合の一部のメンバーが、「全国自立生活センター協議会」ＪＩＬ(Japan Council on Independent Living Centers)結成時に合流した。その当時合流した自立生活センター・立川の高橋修は緻密に計算する周到な運動家であり、かつ事業者としても優れていた。彼とその仲間の合流によって、自立生活センターは一段と力をつけていくことになった。

のちにその要求者組合の一部メンバーは、九二年に全国障害者介護保障協議会を結成し、全国自立生活センター協議会といっしょに活動をつづけていくことになる。全国障害者介護保障協議会では、制度を拡大するためのマニュアルを作り、個人ベースで自立したい障害者の仲間を集めて組織を大きくしていくという手法を編み出した。全国自立生活センター協議会は、その方式を二〇〇〇年より引き継ぎ、二〇〇三年には全国に計一二五団体、さらに六〇ヵ所の新規立ち上げを組織的に支援していた(二〇二四年現在、全国自立生活センター協議会加盟団体は一一四団体)。

日本だけでなく世界中の自立生活センターにおいては、運営委員の五一％は障害者であること、代表と事務局長が障害者であること、というように、障害者の当事者団体としての性格を組織的に保証している。そして自立生活センターの事業内容には、介助者派遣事業、ピアカウンセリング、自立生活プログラム、住宅斡旋・改造サービスという四つのサービスを、障害種別を超えて提供することが規定されている。

3　「自立」とは何か？

自立生活とは、どんな重度の障害をもっていても、介助などの支援を得たうえで、自己選択、自己決定にもとづいて地域で生活することと定義できる。

ここでいう「介助」とは、当事者の主体性を尊重して行われる、英語で言うpersonal assistanceのことをさしており、高齢者や障害者を客体として保護や世話の対象とする介護careという用語と区別している。

介助では主体はあくまで当事者であるのに対し、介護では当事者は客体である。障害者自立運動では、当事者主権を強調するために、このふたつの用語を使いわけてきた(この本では、歴史的な慣用にしたがって、障害者については介助を、高齢者については介護を、以下、用語として使用する)。

自立生活運動は、これまで非障害者を標準としてそれに合わせてふるまうことを強制されてきた障害者が、障害をもったままでよい、必要な支援を社会から得て、みずからの人生を非障害者が享受《きょうじゅ》するのと同じように享受していける社会をめざそうと考えた。

たとえば、自分で入浴したり、洋服を着たり、長時間かけてやればできないことはないが、それをするとエネルギーを使い果たし、何も社会参加活動ができなくて一生を終えることになる。そこで、それよりは考え方を変えて、社会のしくみを変え、地域や社会のアクセス、情報、移動、交通手段、建物、教育、就労などを改善していくことによって、障害者が障害を感じることなく、地域で暮らすことを可能にする社会に、自立生活センターを拠点にし、当事者の力を集めて、変えていこうとした。障害を障害と感じずにすむ社会のしくみづくりは、非障害者にとってものぞましいはずであろう。

4　自立生活センターの成立

日本において自立生活センターが発足したのは、先に述べたように一九八六年、八王子市の「ヒューマンケア協会」の発足をもってである。

作業所の一角を借り、電話一本を引き、なけなしの資金二〇万円でパンフレットを刷り、四名の当事者職員を集めてスタートした。障害のある当事者を、地域、障害種別、所属団体を問わずに職員として雇い、組織を形成することすら、それまでになかったことだった。

サービス事業体を作ろうとすることは、当初から運営委員会の議論でも明確だった。ロゴマークをU・G・サトーという有名デザイナーにお願いし、介助者募集の看板を市内に二〇〇枚貼ったり、新聞、雑誌に記事を書いてもらったり、投稿したりして宣伝に努めた。

職員はアメリカの自立生活センターで研修した者を中心に集めたが、さらに代表となる職員をアメリカに派遣し、自立生活プログラム、組織運営方法などの習得に努めた。篤志家《とくしか》の支援により介助者の旅費を工面し、バークレー、セントルイス、ボストン、バージニア、ニューヨークの自立生活センターをまわり、各セクションの主任から情報を得た。

研修で学んだことは、介助サービスだけを提供すると利用者は依存的になる可能性があるので、自立生活プログラムを並行して提供する必要があること。その効果は「ここに来る前は、自分は何もできないと思っていたが、今は何でもやれるという気がする」という自立生活センターの四肢まひの職員の言葉にあらわれた。

民間の介助サービス団体は、当時、ヒューマンケア協会を入れて、全国で三ヵ所しかなかった。東京では、自分のあいている時間に介助などの手伝いをしてその時間を通帳に貯え、希望するときに協会を通じて手伝いを依頼する時間貯蓄制度を創設した服部正見の「くらしのお手伝い協会」。神戸では、その時間貯蓄制度を取り入れた「神戸ライフ・ケアー協会」であった。

神戸ライフ・ケアー協会はコーディネーターを入れたよいシステムを作り上げていたので、それを学びにヒューマンケア協会の運営委員全員で研修に行った。当時神戸ライフ・ケアー協会は牧師（衆議院議員だった土肥隆一）が事務局長となり運営していたこともあり、教会のなかにあった。ずいぶん過激な連中が大挙して東京からやってきたと、当時を回想して土肥が後に話したことがある。

彼から聞いたことで印象に残る、こんなエピソードがある。「枚方《ひらかた》の会館にすばらしいピアノが入った。ピアノの調律師をしていた車いすの高齢者から、生きているうちに一度その音色を聞きたいとの希望が出たので、まる一日かけて送迎した。ふつうの行政サービスでは決してしないサービスだが、本人にとっていかに重要な意味をもつかを考えて行った」という話だった。彼らはよいモデルを示してくれた。

しかし、ヒューマンケア協会では、時間貯蓄制度は採用しなかった。

有料の介助サービスを、もっとも早くから明確に打ち出したのは自立生活センターである。時間貯蓄制度では、将来高齢化がすすむと、サービスの需要者と供給者とのあいだのバランスが崩れることがあるので、長期にわたる互酬のシステムを維持することはむずかしい。また、移動の大きな現代社会では閉じたシステムはなじまない。そのため自立生活センターは、サービスを有償化する方向をうちだした。

ボランティアの介助に頼って生きていた障害者は、毎日ありがとう、ごめんなさい、すみませんと言いつづけてきた。このようにしても、三六五日の早朝七時からの介助者を毎晩電話をかけつづけて探し、心の休まることはなかった。せめてトイレ、入浴、寝返りなどの生活の基礎的な部分では、介助者と対等の関係になって、その時に生まれた負債をその時に介助料というかたちで返済したい。そして、ありがとう、ごめんなさいと、何か自分が悪いことでもしたように暮らしたくはないという強い意向があった。

最初は、障害者からも反対の声があがった。なぜ、今まで無料でできていたボランティアの介助を、自立生活センターは有料制にしてしまうのかというものであった。しかし、予約していたボランティアが来ない朝、自立生活センターに介助を依頼することが多くなってくると、彼らの考えもしだいに変わってきた。最終的には有料制のほうが、確実に介助者が来るのでよい、というようになってきた。

5　自立生活支援という事業

自立生活センターは、障害者自身が福祉のサービスの受け手から担い手に変わるというスローガンを掲げている(『ニード中心の社会政策』ヒューマンケア協会、一九九四年参照)。つまり、たんなる受け身の利用者ではなく、自分がほしいサービスを地域で供給するサイクルを、積極的に作りだす役割を果たしている。このように自立生活センターは社会に障害者の要求を訴える運動体であるだけでなく、その要求をみずから満たす事業体としての性格ももっているのが、当事者運動のなかでもユニークなところであろう。

障害者支援という福祉サービスの財源は税金から得るのが、自立の理念から言って適切であろう。国家の機能は富の再分配にあり、弱肉強食の世の中なら、国家の調節機能はいらない。誰でも、いつでも、障害をもってニーズが発生したときに、それを満たしてもらう権利がある、という社会を私たちはめざしている。そのために自立生活センターは、行政に当事者の権利を要求する運動体としての活動とともに、なかなか最重度者にまで行き渡らない行政のサービス供給を、障害当事者が運営の主体となり、必要なだけ確保していく事業体としての活動を車の両輪としている。

自立生活センターが提供している事業には、次のようなものがある。

当事者の自立支援のために、介助サービスや住宅サービス、移動サービスなどを提供することによって、全生涯にわたるあらゆるニーズに対応できるようなサービスを備えている。

また、障害者自身を「ピアカウンセラー」として育成し、自分たちの生活経験や知識を同じ障害をもつ仲間に伝えることによって、障害者をエンパワメント(当事者としての力をつけ自信を深めていく)し、地域で暮らす力をつけていくというシステムをもつ。ピアは「なかま」、「同輩」という意味であり、ここでは助け、助けられる関係に上下関係が存在しないことがめざされている。

自立生活センターが提供する事業のうち、「ピアカウンセリング」は、もっとも基本的なサービスといえる。それは当事者が、自立の当事者、自己決定の当事者になるための重要なステップを支援するためのプロセスだからである。長いあいだ施設や在宅で保護と管理のもとにあった障害者は、失敗から学ぶ経験を奪われ、主体性をもたない子どもや患者のように扱われ、しだいに家族や職員に依存的になり、前向きにチャレンジして生きていく意欲を失っていく状況に陥っていた。

この状況から脱するために、もっとも有効な手段がピアカウンセリングである。

ピアカウンセリングの理論によると、障害をもって生まれた子どもも、それが「障害」であると第三者から指摘されるまでは、自分の状態をあるがままに受容し、世界は自分を愛し受け入れてくれていると感じている。そのときは自分に限界はなく、なんでもが可能と思える。しかし成長していくにしたがい、親からは「あなたは障害があるから、ふつうの人のように結婚はできない」とか、教師からは「ふつうの就職はできないから、特別な能力を磨きなさい」と言われ、障害がマイナスのものだという意識をもたされていく。町に出れば、駅に階段があり、バスには車いすでは乗れないことを知る。大学に進学したい、結婚もしたいと言いだすと家族が困った顔をするのがわかるため、しだいに、自分の夢や希望を語らなくなる傾向がある。

そのようなときに、同じ経験をしてきて、障害が「問題」であるという考え方を克服しているピアカウンセラーが、「ここでは本当の自分を出しても誰も笑い者にはしない。ありのままの自分にかえってすべての前提を取り払って、なんでも可能だと考えたら、本当は何をしたいか。それが大学に行くことであれば、自立生活センターでそれが実現できるように、介助者を見つけ支援していこう」というように支えていく。

自立生活プログラムは、ピアカウンセリングでエンパワーした障害者が、施設や在宅生活から出て、地域で自立生活をするときに必要となる生活技術を、先輩の障害者が後輩の障害者に伝えていく、障害者文化の伝達活動とも言える。

たとえば、「介助者とのあいだのトラブルの解決方法について」というプログラムがあるが、これなどは非障害者には、思いもつかないものであろう。この場合は、ロールプレーで介助者と本人役にわかれてもらい、介助者が毎回遅れてくるのを、どうしたら相手を怒らせずに注意できるかというような課題を設定する。

自立生活の経験豊かな先輩は、遅れてきた介助者に、日頃、雨の日も暑い日にも来てくれていることを感謝し、次に「あなたが時間通りに来ると思って、前の介助者に帰ってもらったので、あなたが来るまで四〇分もトイレをがまんしたまま、あなたを待っていた」という自分の置かれた状況を説明し、十分に介助者が反省する下地ができたところで、最後に相手に二度と遅れてこないように注意するというモデルを提示する。

このモデル・ロールプレーを参加者みんなでやって、身につけていくのである。

また自立生活センターには、自立生活体験室というスペースが用意されている。施設や在宅から自立生活をめざす人たちが、自分の介助ニーズを確認したり、自立生活プログラムを受講しながら、地域の社会資源の知識を得て、自分で生活を管理し、介助者の日程調整も行う「セルフマネジドケア」のトレーニングをする。

最初は一泊二日から始めて、親や施設職員ではない介助者と生活する体験をし、ひとりでも生きていける自信を身につける。次に、二泊三日の宿泊体験をして、トイレや入浴の身辺介助を他人にしてもらい、家族や施設の職員がいなくても他人に介助してもらって地域で生きていくことが可能という自信を深めてもらう。さらに一週間の宿泊を何度かくりかえし、一週間先の献立を考えて買い物をしたり、介助者との関係を深めて、次に来たときにはどのように介助をしてほしいか注文をしたりして、地域における新たな人間関係を作ったり、地域の社会資源の情報を手に入れたりする。

このような宿泊体験をくりかえすことによって、自分をふりかえったり、自分自身で考えなければ次の一日が暮らせないものだという体験をしてもらう。このようにして親や施設から離れて長期的にも自立生活ができる自信を深めていく。最後に一ヵ月の宿泊訓練をして、家探しや、住宅改造の事例を見たり、ロールモデルとなる先輩の話を聞いてまわったりする。

この自立生活体験室は、自立を促進するうえで、身体障害者だけでなく知的障害者、精神障害者にとっても、今後、地域支援のなかで不可欠なサービスだといえる。自立生活体験室とその自立プログラムに公的な財政支援を行うことは、施設から在宅への移行をはかる脱施設志向の政策にとっては、第一にしなければならない施策といえる。

自立生活センターの介助サービスにおいては、当事者がコーディネーターになったり、スーパーバイザーとしてコーディネーターとともに働いたり、コーディネーター会議にいっしょに参加したりする。その役割は、非障害者のコーディネーターだけでは解決の糸口が出てこないときに、当事者のピアカウンセラーがあいだに立って、見かけの問題を解決するのではなく、その根本にある原因を本人のエンパワメントになるようなかたちで解決していくように方向づけをしていくことである。たとえば、精神的な不安から体が硬直したり、下痢をくりかえしたりするときに、医療的な検査を経て、精神的原因と診断されたときには、ピアカウンセラーが話をよく聞き、社会参加の方法をいっしょに考えたり、心のサポートをして、関心を内にではなく外に向けていくようにうながしていくこともある。

車いすで使える住宅を探すことは、いまだに個人の力では困難なことが多い。地域の不動産業者とコンタクトをもっている自立生活センターの援助は、他では得がたいものである。住宅改造についても、改造事例をたくさんもっているセンターにかかわっている業者ならば、情報量も多く信頼できる。同じ障害をもつ仲間の改造事例は、リハビリテーションセンターなどでは得られない情報である。

ピアカウンセラーは、心の問題から制度や設備の問題まで、自立生活を支援する総合的なケアマネジャーであり、ソーシャルワーカーのような機能を果たすが、その役割を非当事者の専門家ではなく、みずから経験した当事者が担うところが、自立生活センターが当事者運動であることの特徴的な点である。

6　当事者の自己決定権とコミュニケーション能力

「自己決定のできないような重度障害者や遷延性《せんえんせい》意識障害の人と同じような人のことを、自立生活センターはどう考えているのか」という質問をもらうことがある。そんなときには「基本的に誰でも自己決定はしているし、できる」ということを肝に銘じていなければならない、と答えることにしている。

こんな例がある。あるとき、脳梗塞《のうこうそく》で一人の女性が意識を失った。言葉を発することができなくなった彼女は、病院のなかで遷延性意識障害の人と同じように見なされた。ある看護師さんは食事介助に時間をかけたくないので、味噌汁もおかずもいっしょくたにして口に放りこんだ。別の看護師さんは、返事をしない彼女に、「最初は何から食べましょうか、おつゆそれともおかず」と声かけしながらていねいに食べさせてくれた。数ヵ月して彼女は話せるようになり、どのような扱いをされたか皆に話すようになった。彼女はすべてを理解していたのである。

電車が好きで、押さえる人をふり払い、電車が通ると「アーウー」と喜びの声を上げていた重度の知的障害者も、親のつごうで在宅から施設に移されたとたんに、食事を摂《と》らなくなり、これまでの目の輝きがなくなり、目がすわり、よだれを垂らすようになった。これも否定的なメッセージを伝える自己表現である。

　これを見抜けないのは、周囲の人のコミュニケーションのとり方に問題がある。それを自己決定ができないとか、むずかしい障害者だとか、ひとくくりにして、自分自身の側にコミュニケーション能力がないことの言いわけにする人たちが、専門家や施設職員のなかにもいまだにいる。支援者や介助者は、障害者が自己決定できない場合があると言いたてる前に、「どこまで自分に当事者のメッセージを受けとる能力が育ってきたか」をつねに問うべきであろう。

7　介助制度をどう変えてきたか

　重度の障害をもつ人が自立生活をするためには、場合によっては二四時間の介助サービスを必要とする。逆に言えば、二四時間の介助サービスが確保されれば、どんなに重度の障害をもっても、地域で自立して生きていける。障害者の自立生活運動は、それを実践し、立証してみせた。これから先の超高齢社会では、この先駆的な例は、たいへん参考になる。

　多くの高齢者や障害者は、必ずしも病院や施設にとどまる必要はないことがわかっているし、実際、二四時間の介護や介助を必要とする人の数も、心配するほど多くはない。むしろ不要な施設への投資や、医療費のムダ使いを考えれば、在宅で介助を受けながら自立生活をしていける高齢者や障害者が増えたほうが、社会にとっても当事者にとってものぞましいだろう。

国の「老人家庭奉仕員派遣事業」がスタートしたのは一九六二年のことである。当時のホームヘルプサービスは生活保護世帯と非課税世帯しか対象としておらず、政府は一人暮らしの重度障害者が地域に存在するとは考えてもいなかった。そのため介助サービスの国庫補助には制限があり、政府は一日四時間以上の介助が必要な障害者は施設で暮らしてほしいと言いきっていた。

それに対して、当事者団体は、「必要なサービスを必要なだけ」要求した。

介助サービスの国庫補助時間数の上限を外させる運動は、一九七〇年代なかばより徐々に始まった。一九八二年には、政府は障害者の要望に応えて、市町村は最低でも週一八時間のホームヘルプサービスを提供するようにとの通達を出し、底上げを図った。その後、今度は多くの自治体が、市町村のヘルパー要綱で一八時間をサービス利用時間の上限としてしまい、週一八時間以上の介助を必要とする人たちは、特別サービスのよい自治体でなければ暮らせない状況ができてしまった。

そこでさらに、自立生活センターなどでは、サービスの遅れている地域で重度障害者が暮らすという実績を作った。そして政府に要望することによって、一九九〇年に国から自治体に対し、一八時間上限撤廃の指導が行われた。上限撤廃の指導書を手に、障害者団体が個別に自治体に対して、介助の時間を増加するように交渉し、年に一、二時間ずつ公的な介護保障の時間数を増やすことに成功していったのである。

このように、障害者団体は、政府および自治体相手に、強い交渉力を発揮してきた。この点でも障害者運動の政治力と政治的成果には、学ぶ点が多い。だが、それもたんなる利権団体としての政治的成果ではない。障害をもったら、誰もが必要な支援を必要なだけ受けることができる、という理念をもとに、ハンディを背負っても安心して暮らせる社会を、という要求に、社会的な合意を形成してきた結果である。

自立生活センターは、よそからは「できない」と思われてきた重度障害者の自立生活を、制度に先駆けて、つぎつぎに実績として積みあげてきた。この実践性が、政策的な説得力をもったのである。

8　自立生活運動の達成してきたもの

一九八六年に発足した自立生活センターは障害者の当事者運動でありかつ事業体として、過去さまざまな成果を達成してきた。その到達点をふまえて、当事者運動は、第二段階を迎えている。当事者運動の要求が、不十分とはいえ、つぎつぎに制度化されつつある今日、知らないうちに換骨奪胎《かんこつだったい》されて似て非なる制度が作りあげられる危険もある。交渉能力を維持しながら監視を怠らず、実績を積みあげるだけでなく、時代に一歩先んじた政策提言をすることが求められている。

当事者運動の「次の一手」を考えるためにも、ここでいったん、これまでの自立生活運動の達成点を、点検・評価してみよう。そして、そのうえで、当事者運動が成功したゆえに新しく直面している問題点を洗い出してみたい。

(1) サービスニーズを顕在化させて行政のサービスを改善した

それまで運動体としての障害者団体は存在したが、運動体とサービス事業体を統合することによって、介助者や事務局を擁《よう》し、直接サービスを提供しながら、行政に対して、ここにも介助が必要な人が存在すると、実態を示してのサービス要求運動が可能となった。

かつて行政は、地域に重度の障害者は存在しない(重度障害者は施設収容されているため)、だから、障害者用のホームヘルプサービスは提供する必要がないという回答であった。当時のホームヘルプサービスでは、在宅の場合、家族などが同居していることが前提で、九時から一七時までの時間帯に週一、二回程度のサービスしか提供されておらず、日中、外出し、社会活動をし、早朝と夜間に介助が必要というような障害者のニーズに応えるようなサービスは、市町村に存在しなかった。その結果、サービスが存在しないために、障害者は地域に暮らすことができなかった。

この堂々巡りから脱したのは、自立生活センターが直接サービスを提供し始めたことによる。自立生活センターの理念は、障害当事者たちの圧倒的な支持を受け、またたくまに全国津々浦々に拡がった。当時一二五ヵ所の市町村で自立生活センターが稼動しており、約二万名の介助者が一万名の障害者に対してサービスを提供し、年間二〇〇〇回のピアカウンセリング講座、自立生活プログラムが提供されていた。

(2)　街のアクセスを格段によくした

自立生活センターの支援によって、電動車いすに乗るような四肢まひの重度障害者が、地域で暮らすことが可能になった。また障害者が公共交通機関を使う機会が増えたことによって、その整備の悪さや対応の悪さが目につくようになった。

十数年にわたりＤＰＩ日本会議は、全国二〇〇〇名の障害者が、二〇都市で同時に、アクセスのとくに悪いターミナル駅に集まって、いっせいに電車に乗りこむという実践をとおして、公共交通機関のアクセス改善を要求してきた。その成果もあり、鉄道駅におけるエスカレーターの指針が一九九一年に、エレベーターの指針が九三年に、九四年にはハートビル法(公共建築物、大型店舗などのエレベーター設置や、障害者や高齢者が使いやすいようにトイレの整備、点字表示、音声表示などを推進する法律)が、あいついで制定される。また二〇〇〇年には、交通バリアフリー法が成立し、駅舎にエレベーターが設置され、バスにスロープがつけられ、段差のない街づくりが行われるなど、急激な社会の変化が起こった。

(3) 介助サービスがニーズ中心にできるというモデルを示した

自立生活センターはその発足の当初より、障害種別を超えてサービスを提供することを規約のなかでも謳《うた》ってきた。

介助サービスにおいては、三つの無制限を掲げた。

- 時間の無制限　二四時間対応でいつでも介助者を派遣するシステム
- 対象の無制限　障害者手帳の有無や年齢などの制限なく、必要な人には必要なサービスを提供する

• 介助内容の無制限　当事者が望むならば、どんなサービスでも提供する

その結果、市町村における介助サービスのなかでも、もっとも困難なケースを委託しても安心な団体との評価を受けた。二〇〇三年に、九五%の自立生活センターは、支援費制度によるホームヘルプサービス事業所としての指定を受け、地域の住民に対するサービスを提供していた。

(4)　自立生活センターの事業を国の制度にした

自立生活センター発足後、一〇年経過した一九九六年には、政府から自立生活センターの事業をぜひ、国の制度にしたいという打診があった。そこで①法人格のない自立生活センターでも受託できること、②ピアカウンセラーという国家資格をもたない障害当事者が、国の制度の正規職員として雇用されること、③自立生活センターの基本サービスであるピアカウンセリングによる自立生活プログラムが必須事業として位置づけられること、などを条件に、本章の9で述べる制度としての「市町村障害者生活支援事業」が発足した。東京都と福島県においても、自立生活センターを支援するための特別な制度が作られている。

(5)　介護保険や支援費制度の基本的理念を作った

自己選択、自己決定による地域での自立生活という理念は、自立生活センターの発足当初は、見向きもされない理想であって、空論にすぎないと思われていた。だが、設立後一〇年経って、一九九六年に介護保険の議論が始まったころには、厚生白書で初めて自己選択、自己決定、自立生活ということばが主文に現れた。介護保険検討委員会の答申書のなかでは、自立と社会参加はキーワードとして使われるまでになり、幅広く受け入れられることばとなった。現在、介護保険や支援費制度のなかで、基本的なコンセプトを表すことばとして使われている。

(6)　ホームヘルパー制度で二四時間介護派遣を可能にした

前に述べたように一九八六年の自立生活センター設立の二年後に発足した障害者団体に、「全国公的介護保障要求者組合」という団体があった。一九七〇年からの府中療育センター闘争のあと、一部の障害者は個室化された施設への入居を望み、東京都は全室個室の日野療護園を作った。また別の一部の人たちは地域で暮らしたいと希望し、東京都に要望して「東京都身体障害者(重度脳性麻痺者)介護人派遣事業」をスタートさせた。そのメンバーが作った先述の「要求者組合」は、地域で介助者と共同生活をしたり、グループで介助者を確保し、かつ行政との交渉を徹底的に行い、東京都の「重度脳性麻痺者等介護人派遣事業」を国の制度として「全身性障害者介護人派遣事業」に変え、最終的に一日八時間三六五日対応を可能にするという、輝かしい成果を挙げてきた団体である。

その後、この団体は一九九一年の全国自立生活センター協議会設立時に合流し、全国にサービスを拡大する闘いを力を合わせて行った。その結果二〇〇三年には、四六自治体、一一都道府県にまで二四時間の介助制度を拡げていくことができた。現在では全国で一二〇〇人以上の障害者が、二四時間の介助サービスを受けている。

地域で二四時間介助が必要な当事者が、みずから望み運動することで自立生活を可能にしてきたことは、自立生活センターの大きな成果のひとつである。

(7)　介護保険を超えるサービスを実現してきた

介護保険には利用制限がある。要介護度別の利用限度額が、最初から在宅支援のためには不十分な量に設定されていることは、周知の事実であった。高齢者の自立生活の支援と言いながら、その実、家に家族介護者がいることは暗黙裏に前提とされていた。要介護度が最重度の高齢者を、単身世帯で支援することを、介護保険は想定していなかった。

障害者のホームヘルプサービスは、一九九二年の厚生省通達により、上限を設けてはならないという指示が出されている。障害者の要求にもとづいて、見守り、付き添い、待機を含む介助(頸椎損傷《けいつい》で一日かけてのトイレの介助、そのほかの障害においても指示を出して味つけをみながらの料理づくりなど)が実施されており、高齢者の介護保険にサービスの上限があることに比べて、実態として非常に充実したサービスが可能になっていることは、特筆に値する。

介護保険はサービス利用量の制限をしているだけでなく、利用内容の制限もともなっている。食べる、排泄する、入浴するという基本的な生活支援のほかに、遊ぶ、外出する、社交を楽しむといった生活の潤いを満たす支援を、障害者たちはかちとってきたが、介護保険は、「不適切利用の制限」によって、高齢者のささやかな夢を打ち砕くようなしくみになっている。お客が来てもお茶くみをヘルパーには頼めない、庭の草とりはしてもらえない。利用量の制限があるならなおさら、どんなサービスを選択するかの優先順位は、当事者の自己決定に委ねるべきであろう。

必要なサービスの質と量を、当事者自身の自己決定に委ねることができないのは、当事者を信頼していないだけでなく、当事者主権を制限しようとするものである。現在の介護保険制度は、障害者の支援費制度とくらべていちじるしく利用者にとって制限が多く、使い勝手が悪い。

これでは、障害者が介護保険制度との統合をためらうのも無理はない。

現在の介護保険では、その理念にもかかわらず、実態では要介護当事者の自己決定権は制限され、十分に保証されていない。それというのも、当事者運動としての高齢者の運動が、障害者の運動にくらべて、遅れをとっていることが一因だろう。

現状では、同じような心身の状態に対して、障害者の受けるサービスのほうが、高齢者の受けるサービスよりも、質量ともに高い水準を維持する結果になる。将来にわたって老障統合（高齢者サービスと障害者サービスの統合）がありうるとしたら、障害者サービスを高齢者サービスの水準に合わせて引き下げるのは論外である。高齢者サービスを障害者サービスの水準にまで引き上げるべきであろう。

高齢者はその尊厳を保てないような介護保険の制限に対して、もっと怒ってもよい。高齢者自身が当事者として自分たちの要求を行政に対してつきつけていけば、シルバーパワーの政治力を無視することはできないだろう。障害者運動の経験は、他の当事者運動にも希望を与える。

(8)　障害者に誇りと自尊心を与えた

自立生活運動は、これまで他人の顔色をうかがって生きてきた障害者に誇りと自尊心を与えた。ピアカウンセリングによってエンパワメントした障害者は、自分たちの側に「問題」があるのではない、自分たちに「問題」を押しつける社会の側に問題がある、だから自分たちを受け入れるように社会のほうを変えていかなければならないのだと気づいた。医学モデルから社会モデルへの転換の成果である。介助者を雇用し、指示し、教育し、注意し、報酬を支払い、ともに生活するという対等な関係を、日本ではじめて確立した。

(9) 福祉サービスの利用者としての当事者の自己選択、自己決定を可能にした

支援費制度においては、当事者のニーズにもとづいて介助者を選び、当事者が介助時間、介助内容を設定するという理念上のシステムが成立した。障害者とか高齢者というようなスティグマ(社会的にマイナスの烙印)のあるレッテルを貼られてサービスを受ける存在から、サービスを要求する主体への転換が起きたのである。

(10) 専門家と当事者の関係を変えた

実践のなかから生まれたサービスやデータは無視できない。施設内での専門家の経験は、地域社会の障害者には適用できない。いまや、障害当事者が発言することを封じることはできず、

身体障害者の発言は敬意をもって聞かれ、知的障害者の発言はおそれをもって学者に聞かれるようになった。精神障害者の発言も公的な場で、正式に認められる時代がきている。当事者学の登場である。

⑾　当事者が政策提言能力をもつようになった

長年にわたる地域ケアの分野での自立生活センターのデータ集積は、他の行政機関、学界におけるデータにはない具体性をもっている。全国一万人の介助利用者の毎日の介助利用内容と時間数、そのときの介助者のデータ、トラブル発生件数と内容とその対応などである。

一九九八―二〇〇二年の厚生労働省（厚労省）の障害者ケアマネジメント体制整備検討委員会のおりには、障害者の九二％は自分の介助時間帯、介助内容、介助者は自分で選びたいというデータを提出し、障害者の八割に第三者によるケアマネジメントが必要だと言っていた厚労省の主張をくつがえした。情報公開法とあいまって、全国いずれの地においても、数日のうちに審議会の内容がわかるという時代を迎え、官僚や政治家をはるかにしのぐ政策提言能力をもつにいたっている。

また、二〇名を超えるスタッフを擁するセンターもかなりの数にのぼることから、データの分析、政策文書の提出も、即日のうちに可能となり、シンクタンクとしても十分機能する時代を迎えている。行政の審議会は開催の二、三日前にしか議題を提示しないことが多い。そのため徹夜で反論のためのデータを集め、分析して文書を作成する。さらに印刷機を購入して、五〇ページの提案書を委員と傍聴人の数だけ印刷して、委員会にもちこむというようなことまでやってきた。

⑿ ピアカウンセラーという新職種を創出し、定着させた

一九八七年、第一回ピアカウンセリング講座がヒューマンケア協会の手で開催され、職員の安積遊歩、野上温子を中心にプログラムをつくり、アメリカからジュディ・ヒューマン、ペグノゼックを招いた。参加者から絶賛を浴びたこの講座の成功によって、ピアカウンセリングはその後、全国各地で開催されることになり、自立生活運動の根づよい支持者を全国各地に生み出すもとになった。

また、ピアカウンセラーという新職種をみずから創り出すことによって、当事者こそが、障害者の自立生活の教師であることを明確にした。政府が国の制度として取りあげざるを得なかったのも、ここに起因しており、これまでとは違った意味での当事者の「専門性」の存在に、

社会が気づき始めた端緒となった。

⒀　恩恵としての福祉を、権利としての社会サービスに変えた

ピアカウンセリングは、自分を変えて非障害者に近づこうと考えなくてもよいのだということを障害者に気づかせ、自尊心をもって自信にあふれた生き方をする障害者を増やす効果をもった。その結果、保護と管理のもとにある障害者に恩恵としての福祉をあたえるという考え方から、水道の蛇口をひねれば水がでるように、あたりまえの権利としての社会サービスへと、福祉理念の転換をさせた。その意味では、自立生活センターが果たした役割は非常に大きいと言わなければならない。

9　新たな課題

いままで見てきたように、自立生活センターを中心とする障害者当事者運動の達成には、めざましいものがある。だが、他方で、運動体および事業体として成功したがゆえに、新しく登場した課題もある。それらは、運動がスタートした当初には見えなかった課題である。

(1) 市町村障害者生活支援事業の制度化

そのひとつに、制度化にともなう問題がある。

自立生活センターの業務の一部が、「市町村障害者生活支援事業」というかたちで制度化されたことにより、ピアカウンセラーを職員として雇う事業所が増えてきた。ニーズに見合うだけのピアカウンセラーの数が足りないだけでなく、養成研修システムがないのか、ピアカウンセラーを紹介してほしいという要望が、自立生活センターに殺到した。

自立生活センターは、これらの要望に応えられるように以下のような体制を作った。

制度ができた一九九六年に、「市町村障害者生活支援事業全国連絡協議会」(以下、全国連絡協議会)を自立生活センターが中心となって設立し、毎年全国二ヵ所で受託団体を集めての研修会を開催し、ピアカウンセリングや自立生活プログラムなどの事業に関する質問や研修に応じられるようにした。そのほか、ピアカウンセリング講座開催を支援するため、依頼に応じて講師を全国自立生活センター協議会のピアカウンセリング委員会から派遣するシステムを作りあげた。

このことによって、ピアカウンセラーの数は増えたが、その質の低下が危惧された。だが全国連絡協議会を作っていたおかげで、自立生活センターと同じピアカウンセリング講座を、各地の支援センターが開催することができるようになってきた。

他方、ピアカウンセラーの養成研修システムをすでに確立しておいたおかげで、行政が養成研修講座を開く道が閉ざされ、臨床心理士などのカウンセリングの専門家がこの業界に入りこむのを防げたばかりか、市町村障害者生活支援事業という国の制度にするときにも、イニシアティブを取れることにつながった。そして、現在では制度が拡大し、ピアサポート事業として法律に位置づけられ、各都道府県で人材育成が行われている。

(2)　当事者主体の介護派遣事業体の全国配置

介助サービスについては、二〇〇三年までに全国に二万名の介助者を養成し、一五〇市町村において国のホームヘルパー制度のなかで、長時間介助が必要な全身性障害者を対象にした「自薦登録ヘルパー」制度を全国に拡めることができた。

だが、その展開が急速だったために、職員に過剰な労働を強いる結果となった。また、会計規模が一桁二桁あがることによって起こる事業所運営の質的な変化に、対応しきれない事業所がでた。事業の急速な拡張にともなう、うれしい悲鳴であった。

その対応のためと、支援費制度発足に向けて新規事業所を全国に立ち上げるために、全国自立生活センター協議会の組織だけでは対応しきれず、「自薦ヘルパー（パーソナルアシスタント制度）推進協会」という新たな組織を立ちあげた。この協会では、二〇〇二年六月から二〇〇三年三月までのあいだに、職員研修と会計処理、運営体制の見直しなどの支援のために全国四〇ヵ所で研修会を開催したり、のべ一〇〇名のリーダーを、モデルとなる都内の自立生活センターに呼んで研修を行うなど、精力的に支援した。

その努力が実って、それまで全国で自立生活センターの存在しない県が一八県あったところを、二〇〇三年四月の支援費制度のスタート時には、一〇〇％全国に配備できた。さらに一挙に六〇ヵ所の新規のセンター設立を支援することにより、一県に複数の自立生活センターを配置する道を開いた。

また全国自立生活センター協議会と、自薦ヘルパー推進協会とは共同でオンラインによる通信講座を開設しており、自立生活センターの理念から運営のノウハウまで、五〇〇〇ページに及ぶマニュアルを使って全国の職員研修を継続的に行えるようにした。三五〇名の研修生が、二〇〇三年当時、添削講座を受けていた。各地のセンターの経営や運営のノウハウや職員の質の確保、研修システムの構築は、今後とも課題である。

(3) 行政からの揺りもどし

だが、当事者運動の制度化は、その成功のおかげで、かえって揺りもどしをまねいた。当時、全国三四二ヵ所の市町村障害者生活支援事業の受託団体のうち、一八〇団体が全国連絡協議会に属するなど、あまりに当事者よりの団体となったという印象を与えたこと、障害者のケアマネジメント事業の主な実施主体を、国の障害者ケアマネジャー養成講座テキストのなかでは市町村障害者生活支援事業と指定されたこと、などがその原因であろう。その結果、二〇〇二年八月に出された二〇〇三年度予算原案では、主要項目に入れられていた市町村障害者生活支援事業と、障害者ケアマネジャー配置費用が、一二月の予算決定段階で予算の主要項目から外され、突然、市町村障害者生活支援事業は地方交付税化(一般財源化)されるといったような、これまでの成果からあともどりするような事態が起こった。

そこで全国連絡協議会では、全国の受託団体などから一般財源化反対の署名一万七〇〇〇名分を集め、厚労省に持ちこんで国の補助事業に戻すことを訴えた。またその直後に厚労省で記者会見を開催し、一般財源化のために三〇%の市町村では市町村障害者生活支援事業予算の減額または廃止をすでに決定し、次年度についてはさらに多くの自治体が消極的な意向を示していることを訴えた。全国紙二紙がこの問題を大きく取りあげ、制度として四三%しか普及していないものを一般財源化する不合理をついた。

政府はその後、地域生活支援ステップアップ事業と地域生活移行モデル事業という同じ予算規模の制度を開始することで、失地回復をはかり、その後の障害者自立支援法下での相談支援事業へとつなげていった。

制度の改革は、一進一退で進む。急速な改革には一時的な揺りもどしもともなう。経過を監視しながら、いち早く情報収集して対策を立て、行政と交渉する能力が、当事者団体には求められている。

2章　介護保険と支援費制度

介護の社会化の理念を掲げて、二〇〇〇年に介護保険法が施行された。二〇〇三年の四月からは、障害者を対象とした支援費制度もスタートした。支援費制度こそは、障害者自立運動一〇年間の到達点である。だが、三年の時差をおいてスタートしたこのふたつの制度は、似ているようで、どこがどう違うのだろう。そしてまたふたつの制度が統合されない背景には、どんな問題点があるのだろう。この章では、それを検討してみたい。

1　介護保険が生まれてきた背景

一九九七年一二月、介護保険法が成立。二年の準備期間をおいて二〇〇〇年四月から介護保険制度がスタートした。行政改革のもとの財源確保、医療保険の財政破綻の糊塗《こと》という「不純な動機」からであったが、四〇歳以上の国民すべてが当初は毎月三〇〇〇円近くを支払うという実質増税にもかかわらず、この法律が成立したのは、「介護はもはや家族だけの責任ではない」という国民的合意ができたことによる。これによって、私たちの社会は「介護の社会化」に向けて、画期的な一歩を踏み出した。

法律の成立に先立つこと一〇年以上前、厚生省(当時)の官僚が制度設計に入る以前から、

「高齢社会をよくする女性の会」（代表・樋口恵子）や、「呆け老人をかかえる家族の会」（「認知症の人と家族の会」と改称）などが、介護への公的支援を訴えてきた。「高齢社会をよくする女性の会」は、一九八三年にスタートしたときには「高齢化社会をよくする女性の会」と名のっていたが、人口の一四%が高齢者に属する本格的な高齢社会を迎えて、九四年には高齢化の「化」をとって、現在の名称に変更した。会員のあいだでの独自の調査にもとづいて、介護の長期化、老人が老人を世話する老老介護の現実、ひとりの介護者が複数の老人を介護する多重介護、二四時間三六五日勤務の共倒れしかねない家族介護の実態などを、訴えてきた。

超高齢社会のなかでは、人が五〇歳に達したときに両親が生存している可能性がきわめて高い。これは平均寿命五〇代の戦前には考えられなかったことである。しかもいくらぽっくり逝《い》きたいと思っていても、死ぬ前に平均して半年、寝たきりの期間を過ごすことがわかっている。加齢による心身の衰えと介護の必要は、避けられない現実になった。

だが、重い介護負担は、家族のなかの、それも女性にしわよせされてきた。八〇年代の日本型福祉政策のなかでは、「家族は福祉の含み資産」とさえ言われ、女性の介護負担はあたりまえと見なされた。

他方、高齢化するほど女性の割合がふえる傾向があるだけでなく、女性高齢者のなかには低年金者や無年金者が少なくない。介護するほうもされるほうも、福祉の貧困のしわよせを受けるのは、もっぱら女性に集中した。だからこそ、高齢社会問題は、女性問題とも呼ばれたのである。

待ったなしの現実のなかで、介護の負担をめぐる助け合いのボランティアが地域で組織され、介護を家族頼みにすることの限界と不合理が、社会的に目に見えるようになってきた。九六年には「介護の社会化を進める一万人市民委員会」が発足。九七年に参議院厚生委員会に対してロビー活動をするなど、積極的なシステムアドボカシー(制度改革のための権利擁護活動)を行ってきた。

介護保険は棚からぼたもちのように降ってきたものではない。介護負担に呻吟《しんぎん》し、老後の不安におびえる介護世代の政治的な運動と圧力から生まれたものである。ドイツとイギリスの制度をモデルにしていると言われるが、家族介護者の現金給付を選択肢にしないなど、日本独自のやり方も採用している。それらのしくみも、日本の実状に合わせて、「高齢社会をよくする女性の会」などの意見を取りいれて決定したものである。

介護保険は、年とって介護が必要になったときに、六五歳以上の第1号被保険者なら誰でも公的な介護サービスを、わずかな利用料負担で受けることができるという制度である。この制度は、高齢者福祉を、恩恵から権利へ、措置から契約へと変えた、と言われる。また、これまでの施設収容中心の高齢者介護を、在宅支援へとシフトしたことも、大きな変化であった。

だが、スタートする前から、介護保険の制度設計上の欠陥は、多くの人々から指摘されてきた。第一に要介護認定の標準化がむずかしく、認知症には低めに出るなどの問題があること。第二に要介護度別に設定された利用料の上限が、必要な介護をすべて満たすには十分な額に、はじめから設定されていないことである。家族介護はあらかじめ前提にされていた。第三に、身体介護と家事援助（のちに生活援助）の料金格差が大きすぎることだった。高めの料金設定は、身体介護への事業者の参入をうながすためと説明されたが、実際には、需要は料金が低い家事援助に集中し、事業者の苦戦を招いた。

運用上では、必要なサービス供給の質と量が確保できない地域があること、十分な数のケアマネジャーが用意できないこと、要介護認定の機械的な運用に問題が発生する可能性が高いこと、自治体の担当者の能力や苦情処理機関の対応が追いつかないこと、それに加えて月三〇〇〇円近くの保険料とわずか一割の本人負担さえ支払えない低所得層がいること、措置制度のもとに暮らしていた一部の高齢者にとっては、介護保険施行前より福祉の水準が下がること、などが予想された。そしてその多くは、施行後、現実となった。

介護保険に障害者が加わるかどうかは、当初から大きな検討課題だったが、結局、六五歳以上の利用者に限られ、六五歳未満の場合には「加齢による疾病」に対象が限定された。

介護を要する高齢者の在宅での生活を支援するために外部サービスを提供するという方式は、障害者の自立生活支援のシステムづくりのなかではすでに先行していた。高齢者の在宅支援は、障害者の自立生活支援をモデルにしたものとも言える。だが、以下に述べるような理由で、障害者は介護保険への合流を拒んだ。

2 介護保険の老障統合をめぐって

すでに述べたように、介護保険は最初から問題含みの制度であった。高齢になれば誰もが心身の自由を失い、なんらかの介護を必要とする可能性があるが、地域や在宅で最期まで自立して生きることを支援するために介護や介助が必要なことは、年齢にかかわらない。ところが介護保険は保険利用の対象として、「加齢による疾病」に、障害の内容を限定したといういきさつがある。

年齢にかかわらず、すべての障害に対して、必要なときに必要な介助・介護を提供しようという理念は、「老障(高齢・障害)統合」と呼ばれてきた。介護保険の最終的な老障統合は国民的な課題だが、二〇〇〇年の介護保険のスタートにあたっては、障害者の当事者団体自身がこの老障統合に反対してきたという事情がある。それというのも、介護保険の要介護認定のきびしさと、にもかかわらず要介護度に応じた介護サービス提供額の上限が、これまで障害者当事者が獲得してきた自治体からの介助サービスの水準に及ばず、そのまま老障統合を実現すれば、障害者サービスの大幅な切り下げになることが目に見えていたからである。したがって介護保険の策定にあたっては、高齢者介護を障害者介助と区別し、障害者支援を介護保険から当面除外するという点で、政府の思惑と障害者当事者団体の意向とは、結果として一致していた。

二〇〇〇年四月の介護保険法の施行にひきつづいて、二〇〇三年四月から支援費制度がスタートした。支援費制度についてはサービスの上限をなくす点が、政府と当事者団体との攻防の焦点になった。その権利擁護をめぐって、次の節で述べるような攻防ののち、障害者団体が勝利した。

どんな政策や制度の設計も、その対象となる当事者自身の要求と闘いによって、初めて当事者の権利が守られることは、いくら強調しても足りない。システムアドボカシー（4章1参照）は不可欠なのである。

3　支援費制度のスタート

二〇〇三年四月一日から、国の障害者のホームヘルプサービスが支援費制度に切り替わった。

支援費制度とは、措置から契約への移行、本人の意思を尊重したサービス利用事業所の自由化を目的としてスタートしたものである。政府は施設から在宅へというような大きな方向性を示し、その理念にもとづいた制度設計を図ろうとしている。二〇〇三年には七〇〇名の知的障害者を収容する国立高崎コロニー閉鎖の方針が厚労省から出されたが、まだ進まない部分もある。

これまでは施設を優遇し、新規増設に対しては無条件にその費用の半額を国が補助するという「義務的経費」といわれる予算配分をしてきた。一方、ホームヘルプ制度のほうは、これまで「裁量的経費」といって、厚労省は二分の一以内の補助しかしないとしていた。厚労省は、在宅福祉を「義務的経費」にするなどの調整を行うべきであった。支援費制度への移行は、政府にとってこのような政策転換のチャンスではあったが、政策転換には大きな政治的圧力が働き、六〇名以上の議員が施設の補助の減額に反対し、実現しなかった。

支援費制度へ移行する過程の二〇〇三年一月一二日のことだった。ホームヘルプサービスの国庫補助金の支給基準を、それまでは自治体の利用実態に合わせて上限なしに補助していたものを、支援費制度移行後は、国が上限を設けるとの情報がインターネットを通じて流れた。つまりホームヘルプ制度が裁量的経費に属するということで、東京都や大阪府など月一二五時間以上のサービスをすでに提供している自治体に対して、一二五時間分しか補助しないから残りは自前でやれという、先進的な自治体に負担を押しつける方向で全国的なサービスの標準化を図ろうとしたのである。

これは一大事である。未確認情報とはいえ、一般のホームヘルパー利用者の上限は月一二五時間、四肢まひの人たちで一二五時間、知的障害者や視覚障害者で五〇時間というものであった。これでは現在地域で暮らしている障害者は、すべて暮らせなくなる。施設に行くか、もとのボランティアに頼る生活に戻る以外になくなる。

全国の障害者に危機感が走った。全国自立生活センター協議会では電話で厚労省に事実確認をしたうえで、早速二日後の一四日には五〇〇名以上の障害者が全国から厚労省前に集結し、厚労省担当課長との交渉を組んだ。同時に全国一二五ヵ所の自立生活センターと六〇ヵ所の地域自立支援組織に連絡を取り、二万枚のチラシを二ヵ所のセンターで一気に完成させた。日本を代表する四つの障害者団体（日本身体障害者団体連合会、全日本手をつなぐ育成会、日本障害者協議会、DPI日本会議）とも連絡を取り、一六日には初めての四団体連合の抗議運動にしようとの合意が固まった。

一四日の交渉は、全国の代表五〇名と厚労省の社会・援護局障害保健福祉部企画課と障害福祉課の両課長とのあいだで行われた。

予想した以上に交渉は難航した。当時の障害福祉課長は「国の補助金が足らなければ、市町村が負担すればよいことで、国に地域で介助を受けて暮らす障害者の生活を守る責任はない」とまで言いきったため、激昂《げっこう》した一部の障害者は大臣室に押しかけた。そして交渉団はこの回答では帰れないので、局長を呼ぶように要求した。そこで局長と各団体の長との交渉がセットされたが、局長交渉も平行線で事態は深刻であった。

一六日には一二〇〇名の参加を得て、四団体で、さらに両課長との交渉が行われた。その後、論理的に申し開きができなくなった厚労省側は、一八日に控えていた全国主管部長会議での発表を延期せざるを得なくなっていった。

一月二七日になって厚労省は、障害者団体との話し合いもなくこのような案を出したことをわびるとともに、現行水準のサービスを維持し、利用の上限をなくし、今後のホームヘルプサービスのあり方について、サービス利用当事者を入れて検討委員会を立ちあげることを約束し、いちおうの決着を見た。

政策が施設から在宅へと変わる過程で起きた、避けられない衝突であった。

この事件は、政策決定の過程で、当事者を欠いた官僚の意思決定がどんなに危険であるか、また迅速で組織的な当事者運動の動きが、政策決定の過程に介入することがどんなに重要であるかを、示している。

どんな権利も既得権としてやすやすと守られるわけではなく、対抗勢力とのたえまない葛藤と交渉の過程のなかにある。権利は恩恵として外から与えられるものではない。当事者自身が、闘ってかちとり、そしてそのつど、守りつづけるほかないものなのである。

4　介護保険と支援費制度の違い

現行の介護保険と支援費制度は以下の点で異なっている。

(1)　介護保険には原則一割の本人負担金がある

障害者は障害基礎年金(二〇〇三年度当時の支給金額は一級で月額八万三〇二五円)や各種手当制度以外に収入のない人が多く、そのなかから月額二―三万円はかかる介護保険の本人一割負担を支払うことは不可能に近い。高齢者にも月額数万円の受給額しかない低年金者や、場合によっては無年金者もおり、たとえ一割負担といえども利用をためらう現実がある。

一方、支援費制度においては、応能負担になっており、障害年金のみの収入であれば自己負担はゼロである。

(2)「自立」の理念が異なる

介護保険ではサービスを利用しないことが「自立」の目標(介護保険からの「卒業」が目標とされた)、支援費制度では、サービス利用を前提とした「自立」の達成、と「自立」の概念が根本的に異なる。

介護保険では排泄の自立といったADL(Activities of Daily Living 日常生活動作)レベルでの自立が定義されるが、障害者にとっては、排泄介助が必要なことは「自立」と少しも抵触しない。トイレ介助を受けながら、自分のやりたいことを自分で決める自己選択、自己決定を実現することは、いくらでも可能である。介護保険の要介護認定が、主として身体的能力を基礎としたことと生活的自立を判定の中心としている点で、大きく食い違うところであろう。

しかし脳梗塞による半身まひのように、身体能力の喪失が、回復できる状態から固定した障害へと変化していけば、高齢者であっても、障害者手帳をとることができる。そのときには、障害者の「自立」の概念に学ぶことが多くなるはずだと、私たちは考えている。失われた身体能力の「回復」ばかりを目標とするのではなく、できないことは必要なサービスを利用するなどして、自分の暮らし方を自己決定することが「自立」だと考えられるなら、高齢者の生活の質も向上するだろう。

(3)　アセスメント方法が異なる

介護保険では身体介助ひとつとってみても、排泄介助二〇分、入浴介助四〇分と標準化が行われているが、一人ひとりが個性的な障害者にとっては、そういう判定基準自体が通用しない。また、社会参加の判定基準(後出)がまったく欠落しているのが介護保険である。

これにくらべて障害者の介助サービスは、もっと自由で制約のないものである。必要なときに必要なだけ使えるサービス、そして介助を受けながらサービスの利用者と提供者とがお互いにサービスの質を点検しながら成長する関係が可能である。

(4)　介助者の資格制度が異なる

介護保険、支援費制度どちらにおいても、身体介助・生活援助については初期にヘルパー一―三級の資格が義務づけられた。支援費制度の下ではそれに加えて、移動介助、視覚障害者および知的障害者のガイドヘルパー、「日常生活支援」などの、障害者のニーズに合わせた二〇時間から二二時間の短時間で取得できる新たな資格制度が作られた。介護保険においては二〇一三年にヘルパー一、二級を廃止、初任者研修、実務者研修を受けた者をヘルパー資格を有する者とした。

資格制度を変えたことで、支援費制度を介護保険に組みこむことはますますむずかしくなったが、利用者の当事者主権を尊重するなら、介護保険のほうを支援費制度の基準に合わせるようにすべきだろう。

(5)　ケアマネジメント制度が異なる

介護保険では、ケアマネジャーによるケアマネジメントが要《かなめ》の位置を占めている。ケアマネジャーは都道府県認定資格であり、各地で職能団体の結成も進んでいる。

これに対して、障害者のケアマネジメントは、国が研修会を開催し、都道府県レベルのケアマネジャーの養成はしたが、手法の伝達にとどまり、制度とはならなかった。障害当事者団体の要求通り、セルフマネジドケア（3章4節参照）が基本となった。支援費制度においては、自分で行政に申告するだけでサービスが受けられる。

(6)　介護保険では介護サービスに上限がある

介護保険では要介護5という最重度の度数でほぼ月額三六万円（ここに一から一・一四までの地域係数が乗じられる）の上限が設定されており、それ以上のニーズを満たすには保険外利用に頼るほかない。在宅支援をうちだしながら、とうてい単身高齢者世帯の在宅生活を維持できる水準とは言えない。制度設計のなかにあらかじめ家族介護が「福祉の含み資産」として計算に入っていたことは、すでに介護保険の施行以前から、多くの人々によって指摘されてきた。

その意味では、介護保険は、要介護の当事者支援と言いながら、その実、家族介護者の負担軽減という、日本型家族介護を前提にしたものである。介護保険でほっと息をついたのは、高齢者を施設に入れず在宅でかかえこんできた、中流の世帯の世帯主と家族介護者であり、その点では制度設計のねらいどおりの効果を生んだ。

だが、家族介護者に依存することが前提での制度設計では、とても当事者本位の制度とは言えない。単身高齢者世帯、および無年金者、低年金受給者のような貧しい高齢世帯（その多くは女性である）では、介護保険の一割負担さえ重くのしかかり、しわよせがきている。これでは介護保険は弱者救済の福祉制度とは、とても言えない。現実にニーズがありながら、受けられる福祉サービスに上限があるのは、制度不備のそしりを免れない。

上限を撤廃した支援費制度のほうが、当事者ニーズに応えるには、はるかにすぐれた制度である。支援費制度を介護保険のような欠陥のある制度に統合することは福祉の後退であり、だからこそ障害者は介護保険の策定にあたって老障統合に反対したのである。制度の統合のためには、介護保険を支援費制度に近づけることが先決であろう。

(7) 社会参加の意味が異なる

介護保険の社会参加とは、デイサービスセンターに通うことであり、ご近所の友人に会いにいくことやコンサートやイベントに行くことは、社会参加とは認められていない。

一方、障害者の社会参加は、何を社会参加とするかは当事者が決める。障害者がさまざまな社会経験をして、失敗をくりかえしながら経験を積んで成長していく、人生のプロセス全体が、社会参加である。その点では、非障害者の社会参加も障害者の社会参加も変わらない。違うのは、介助を受けながら、音楽会に行ったり、デートをしたり、学習をしたりすることだけである。支援費制度では、ふつうの生活者が送るような社会参加を実現するために、介助を用いるか用いないかを自己決定できる。

支援費制度と介護保険の社会参加をめぐるこの違いは大きい。これは調整が不可能なほどの隔《へだ》たりである。障害者の介助サービスを介護保険のレベルに落とすのではなく、介護保険の抜本的改革によって、高齢者の介護を障害者のサービスのレベルに高めることが必要であろう。現在の制度のもとでは、障害者の受けている介助のほうが先進的であることは疑いがない。

いままでの比較からもあきらかなように、支援費制度とくらべて、介護保険はさまざまな制度的な欠陥をもっている。障害の程度や介助の必要と、年齢とは関係がない。長期的には、高齢者も障害者も含めて、「誰でも必要が生じたときに、必要なだけ」介護・介助サービスが受けられるようにする介護保険の老障統合が、次の課題であろう。

介護保険の改定については障害種別を超えた課題であることから、自立生活センターのようなレベルの運動体だけではとても対応しきれない。そこで身体障害者だけでなく精神障害、知的障害の当事者団体をいれた障害者当事者団体連合がユーザーユニオンというかたちで連携し、五〇〇万人の障害当事者が、この目的のもとに連帯することが必要であろう。

5　育児の社会化をめぐって

ここまでくれば、育児の社会化まであと一歩である。深刻な少子化を前にして、岸田政権は「異次元の少子化」対策に取り組んだ。二〇二四年一〇月から所得にかかわらず、第一子と第二子に一・五万円(三歳以上一八歳までは一万円)、第三子以上に三万円の児童手当を給付するものというが、合計五万円で三人の子どもを産もうという女性はいるだろうか。

育児給付と児童給付とは、考え方が根本的に違う。育児給付は、育児専従の親の所得保障の意味をもち、親に対して支払われる。これに対して児童給付は、子どもが育つ権利に対して国が支払う、子ども賃金とでも言うべきもの。義務教育を終えていない一五歳未満の少年労働を国が禁止しているのだから、その年齢までの生活を国が保障するのは、考えてみれば当然のことだろう。

介護の社会化をめざした介護保険の理念は、育児の社会化にも応用できる。育児経験にとぼしい最近の若い母親のために、ケアマネジャー制度にならって、育児ケアマネジャーをつけよう、というアイディアもある。昔なら地域にいたはずの「近所姑」の制度化だが、有償であるところが違う。地域が解体し、親族のネットワークが機能しないところでは、昔はよかったと嘆く代わりに、変化したニーズに合わせた新しいしくみづくりが求められる。ファミリー・サポートセンターもそのひとつで、地域で育児支援を求める人とサービスを提供できる人とをつなぐシステムである。

介護保険が要介護認定という手法をもちこんだことにならえば、子育てに要育児認定をもちこむことも可能だろう。究極の寝たきり、たれながし、自力で寝返りもうてない無力な存在は、生まれたての赤ん坊である。これを要育児度5として、介護保険なみの月額三六万円程度の育児支援バウチャー(利用券)の給付があれば、親にとってどれだけ肩の荷がおりるだろうか。子どもが成長するにつれて手がかからなくなれば、要育児度の認定を下げればよい。またアトピーの子どもや障害をもった子どもなどの場合は、要育児度を下げずに、ひきつづきサービスを受ける権利をもつこととする。つまり次代を担う子どもたちの成長を、社会全体で支援するしくみを作ることである。いつまでも子育ては生んだ親の責任、と言いつづけていては、これだけ子育ての負担とストレスの増えた社会で、若い人たちにこれ以上子どもを産んでもらうことを期待することはできないだろう。

それ以上に、年齢にかかわらず、誰でも「必要なときに必要なだけ」のサービスを受けられるというのは、ゆりかごから墓場まで安心して生きられる社会の条件ではないだろうか。老後不安にそなえて高い貯蓄率を維持しなくてもよいし、事故や労災などで中途障害者になったときにも、安心して生きていける。子育て支援が得られることで、密室育児のストレスも減るし、他人が入ることで虐待防止の効果もある。介護、介助、育児を総称してケアと呼ぶとすれば、ケアの社会化によって、雇用の創出もでき、地域の活性化にもつながる。

介護保険はケアの社会化の第一歩、支援費制度は第二歩だった。次のステップは、育児の社会化、それも親に対する支援ではなく、子どもが社会からの支援を得て育つ権利の保障だろう。老障一元化だけではなく、最終的には「老障幼の統合」をめざしたい。

3章　当事者ニーズ中心の社会サービス

介護保険と支援費制度のおかげで、当事者はサービスの利用者になった。ところで、どんなサービスをどれだけ利用するかは、当事者が自己決定する、とは言っても、当事者は、誰から、どんなサービスを、どれだけ、どのように得たいのだろう。当事者運動の経験にもとづいて、その問いに答えてみよう。それは、こんなサービスがほしいという次世代型のサービスを構想することでもある。

1　属人から属性へ——自分はそのままで変わらないでよい

障害という属性はあるが、障害者という人格はない。同性愛という行為はあるが、同性愛者という人格はない。障害や性的指向を人格と同一化させて考えるのは、近代になってからのことである。

自立生活運動では、かつて「障害は個性だ」という言い方をしてきた。アメリカでは、障害はattributeと表現されていたのが、「個性」と誤訳されたのかもしれない。だが「個性」とは人格をあらわす用語でもある。芸術作品は個性の表出だろうが、障害は人格ではなく、「属性」のひとつにすぎない。attributeは「個性」でなく「属性」と表現すべきであったろう。

障害者や性的少数者の運動のなかには、障害や性的指向を人格と同一化して、あえてマイノリティ・アイデンティティを引き受けるという契機があった。障害者や性的少数者を少数者として排除する社会に対して、あえて正面戦を挑み、障害や同性愛を不可視化する世の中の差別の構造を顕在化させるという効果はあるだろうが、かえって障害者、性的少数者として人格を固定化してしまうリスクをも背負うことになる。

障害をもっているという事実は変えようがないが、社会の装置やルールを少し変えるだけで、障害が障害でなくなることは、いくらでも可能である。落馬して四肢まひになったスーパーマン俳優のクリストファー・リーブのように、脊髄の神経が切断されたのを回復させようと一生を捧げる人もいる。リーブは「障害を努力と精神力とで克服した」ヒーローとして、もういちど「スーパーマン」を演じようとしたという。だが、そんなにしてまで、障害者が非障害者の基準に合わせなければならない理由は何もない。リーブは障害者の英雄ではなく、非障害者にとっての英雄なのだ。

一般の障害者は、そのようなことに時間とエネルギーを費やしている暇はない。それよりも周囲の条件を障害に合わせることで、障害を意識せずに自分のやりたいことにエネルギーを注ぐほうがよい。障害をどう受け入れるかという課題を、自立生活運動はつぎのように解決した。

障害は自分の属性のひとつだが、自分の人格まで規定するものではないと考え方を逆転させた。そして、障害そのものは、この社会で生きるには不便なものであっても不幸なことではない。障害があることと、人生を幸せに送れるかどうかとは関係がない。障害は社会が生み出すもので、自分が原因ではないと主張した。「社会モデル」である。

そう考えれば障害にふつごうな社会のデザインやルールを変更し、公共の設備や機関をアクセス可能にし、必要に応じて必要なだけの介助サービスを利用し、暮らし、仕事、余暇における差別を取り除くことは、その社会の選択しだいでいくらでも可能なのである。

2　誰が利用量を決めるか？

措置と言われるこれまでの福祉サービスは、何が適切なサービスかについて、公的機関が判定する、という第三者基準をもっていた。当事者主権の考え方は、これを一八〇度転換しようとするものである。

これまでの福祉サービスは、障害者手帳の一、二級のみに提供されるとか、六五歳以上の高齢者に限るというように、保護や庇護《ひご》の対象であるというレッテルを貼られることと引き換えに、サービス受給権が発生した。哀れで不幸な存在というレッテルを貼らなければ、社会は障害者にサービスを受ける権利はないとしてきた。そのために福祉を受けることは恥辱であり、受けたとたんに自分の人格がおとしめられることを受容しなければならなかった。つまり保護や庇護の対象となる人々は、自分のことを自分で決定する能力もない、と見なされてきたのである。

高齢者のなかには、介護保険を受けたくない、訪問介護事業所のクルマは家の前に停めてもらいたくないという人がいる。チャリティ(慈善)としての福祉、恩恵としての福祉という基本的なコンセプトは、介護保険でも支援費制度でも完全に払拭されてはいない。それは自助能力を失うことが、意思決定能力を失うことと同じだと考えられてきたからである。

上からの恩恵としての福祉という考え方は、今でも介護保険のなかで、サービスの利用内容や利用量を、公的に制限していることにあらわれている。そこには、利用者にとって何が適切なサービスかを第三者が判定できるというおごりがあるばかりか、放置しておけば利用者はサービス受給をコントロールせずに、どこまでも制度を濫用《らんよう》したり悪用する、というサービス利用当事者の自己決定能力に対する、不信と猜疑心《さいぎしん》とがある。

サービスの利用内容の判定や利用時間数を公的機関が決定している限り、恩恵としての福祉は続く。福祉サービスは使い放題にしたらたれながしとなる、という性悪説は誤りである。

自立生活センターの経験が教えるところでは、介助サービスは、量がたくさんあればあるほど便利というものではない。介助者が二四時間張りついていては、プライバシーが何もない苦痛の毎日になる。安全と自由は裏腹である。緊急事態に介助者がいつでも来てくれて安全が確保されるという条件さえあれば、誰でも介助時間は最小限にしようというモチベーションが働くものである。おまけに一日は二四時間という上限が設定されているのであるから、行政がさらに上限を決める必要はない。

自立生活センターの試算によると、二〇〇三年当時、全国で約一万人の全身性障害者がいたが、その人たち全員に八時間の社会参加のための介助時間を与えたとして、八時間を超えて日に一〇時間以上使う人が一〇%で一〇〇〇人、一六時間必要な人はわずか二%、二〇〇人であり、総額で五〇二億円にしかならない。介護保険が五・四兆円と言われているのに比べて、いかに少額かがおわかりいただけるだろう。

このようにいつでも必要なサービスを必要なだけ使えるシステム、障害認定や年齢に関係なく、恩恵としてではなく権利としての福祉サービスを得られるという安心感、制度に対する信頼が得られれば、制度の濫用はかえって防げるだろう。

3　誰がサービスを供給するか？

なぜ当事者がサービスのユーザーであるだけでなく、サービスを提供する主体になることに意味があるのだろうか。

障害者は一生障害を背負って生きる。当事者自身が支援者になれば、どんなことがあっても、そこから逃げ出すことはできない。逃げ出すことは、見捨てるということであり、次には自分が見捨てられる番になる。地域のなかで誰を信頼するのかと問われたときに、それは一番身近な地域に住んでいて、同じサービスのユーザーである障害者の仲間であろう。そういう仲間たちは、生きるうえで利害を共有する運命共同体と言える。

先に述べたように自立生活センターは運営委員の過半数が障害者であり、代表、事務局長が障害当事者という組織で、非障害者の支援者を巻きこんで強力なシステムを作りあげてきた。それは団体の意思決定のうえで、当事者による主権を誰にもゆずりわたさないというしくみである。

地域から撤退できないものが福祉サービスの担い手となるという住民参加型の地域福祉の理念は、介護保険にも生きている。ＮＰＯ（非営利民間団体）やワーカーズ・コレクティブ（労働者協同組合）などの市民事業体の担い手は、みずからが福祉サービスの利用者でもあり、同時に供給者でもある。彼ら彼女らは地域の住民でもあるから、事業に失敗しても営利企業のようにかんたんに撤退するわけにはいかない。企業にとってはもうからない事業をつづけることは、非常識な行為だろうが、市民事業体はもともと互助の精神から出発しているから、自分たちがほんとうにほしいサービスを供給するという理念のもとに動いている。それだからこそ、営利企業には負けないクォリティのサービスを提供できるのである。

福祉サービスについては、かならずしも健全な市場競争による淘汰《とうた》が働かないこと、福祉サービスの品質と価格とが、かならずしも連動しないことは、経験的に明らかになった。現在の介護保険は利用料金が公定価格であり、マーケットメカニズムによって価格が決定されているわけではない。だが、高いおカネを出せば出すほど、ほんとうに利用者にとって満足なサービスが得られるのだろうか？　過去数十年にわたる介護の市場化は、富裕層向けの高額の有料老人ホームのような介護サービス商品を生んだが、それがサービスを受ける当事者ニーズにそったものであるとはとうてい言えないことは、朝日新聞元記者、大熊一夫の潜入ルポなどによっても証明された。

高額の有料老人ホームでさえ、利用者の「安全」のために夜間拘束などが行われている。それは事故を防ぐための利用者家族の「安心」のためである。介護サービス市場が「良貨が悪貨を駆逐する」ようにならない理由は、サービス受益者(当事者)とサービス購買者(家族)が一致しないからである。事業者は当然のようにカネを払う者の顔色を見る。介護市場では価格と品質が必ずしも相関しないのである。

サービス供給のうえでも当事者主権を強調するのは、ほんとうにほしいサービスが何かを知っている当事者が、みずからサービスの担い手となることが、もっとも適切な品質管理であると考えるからである。多くの介護NPOは「自分が使いたいサービス」を目標に掲げてスタートしている。いずれは自分も利用者になる、という前提を組みこんだ、サービスの利用と供給のサイクルを地域で構築することこそ、安心できる地域福祉の目標であろう。

4　社会参加のための介助サービスをどう認めるか

支援費制度のなかで社会参加をどう実現するかについては、自立生活センターと厚労省の役人とのあいだで長時間にわたって話し合った。「社会参加」を定義すると条件が限定されて、今よりかえって使いにくくなる。見守り、付き添い、待機をしながら、痰《たん》を吸引したり、トイレ介助やドアを開けたり、切符を買ったりする。これがないと生活できないが、アセスメントするとなると何時間分の見守り、付き添いを、認めるかどうかは、行政のさじ加減しだいになりかねない。

そこで、自立生活センターでは「セルフマネジドケア」という提案をしている。これは個々人の障害者にケアプランを作ってもらい、月間の総介助必要時間を申告し、行政はそれを認めて、月末に使っただけを報告するというものである。

支援費制度も、基本的なコンセプトは国が支援費を当事者に支払うというしくみだが、認定を行政がすることで当事者ニーズ中心ではなくなった。ほんらい当事者による自己査定を国は認証するにとどめるべきであった。また支援費の代理受領方式を取ったために、事業者から介助者が直接給料をもらうことになり、介助者は利用者の評価より、事業者との雇用関係のほうを優先するシステムになってしまった。

この欠陥を補正するために、自立生活センターでは直接支給方式での「パーソナルアシスタント(当事者介助)制度」を提案している。

これは究極の介助サービスである。行政は当事者の申請にもとづいて、介助者に介助を依頼できる介護バウチャー(介護利用券)を利用者本人に渡す。利用者は介助を使うたびに介助者に介護利用券を手渡す。介助者は介護利用券を行政にもちこんで、現金に両替する。これで介助者は利用者のほうに直接顔を向けるようになる。当事者介助制度は、学校や教育機関、職場、家庭、余暇、生活の場など、領域にかかわらず当事者ニーズにしたがって連続して使える制度とし、これまでのように縦割り行政の弊害を受けないものとする。

この制度を作るときに前提となるのが、障害者差別禁止法制か障害者基本法のような権利規定を定めた法律のなかで「社会参加」を定義することである。「社会参加とは、非障害者の行う生活、仕事、教育、余暇等すべての領域について障害者が介助者を入れて同じことができること」という規定があってはじめて、要介護認定という言葉をなくせるのである。

5　家族ではなく当事者への支援を

当事者と家族のニーズは、しばしば異なる場合がある。家族は決して運命共同体ではなく、親は子どもの利益を代弁しない。

たとえば、四六時中介護や介助をしている家族にとっては、せめて日中は要介護の高齢者や障害児・障害者にデイケアセンターや作業所に行ってもらって、ほっと一休みしたいというニーズがあるだろう。一方、当事者にとっては、家族といつもいっしょでは、ついつい口論になってしまう、なんとか週に一度でも家族と離れて過ごしたい、家族以外の介助者と、気兼ねなく外出したいというニーズがある。

両方の言い分を同時に満たすことがむずかしければ、当事者の意向を優先することが重要だが、実態は、家族の発言権のほうが強く、当事者は家族の意向に気兼ねして、気には染まないが、作業所やデイケアセンターを選んでしまう、ということも起こる。介護・介助を受ける側はどうしても弱者の立場に立たされてしまう。当事者の真のニーズはここでは隠されてしまい、表には出てこなくなる。家族といえども、権力関係のひとつである。

家族のなかで、いまだに障害者は自己決定権がなく、親やきょうだいが当事者に代わって決定を行っている例が多い。当事者団体の存在理由は、家族や地域のなかで孤立しがちな当事者をサポートし、当事者能力をつけて、当事者の自己決定権の尊重を本人のみならず周囲にもおしすすめていくことにある。障害者の運動体が当事者からなる自助グループであること、当事者による意思決定権を最大限尊重することが必要なのは、この理由による。

当事者と家族の利害が必ずしも一致しないことがあきらかになることで、これまで子どものニーズにしか目をむける余裕のなかった親が、ようやく自分のニーズについて語れる余裕をもつことができる。そうなれば、親は親で自分たちのニーズを発言していくことが可能になる。たとえば障害当事者の問題と、障害者を子にもつ親のかかえる問題とは同じではない。その自覚を通じて、障害者の親もまた、ひとりの当事者となっていくであろう。

自立生活センターが育ってくれれば、親や家族や専門家たち、当事者ニーズの代弁者たちがその運動の中心からはずれ、「当事者の、当事者による、当事者のための運動」として成熟していく時代が来るだろう。

家族、親、専門家が今後当事者運動を語るときに、障害者の親としての当事者性、障害者を家族にもつ夫や妻やきょうだいや子どもとしての当事者性、障害者問題を扱う専門家としての当事者性、障害者行政にかかわる行政官としての当事者性を活かして、自分たちのなかにある障害者に対する差別性、優越感、特権性を受けとめ、そのうえで自分もまた背負ってきたさまざまな問題の当事者として、自分自身に向き合うことができるだろう。

自分自身もまた差別の加害者でもあり同時に被害者でもあるという当事者性において、差別の実態を明らかにし、平等を達成するために克服しなければならない課題、制度の欠陥、歴史認識の再評価を、障害者とその関係者双方の、それぞれの当事者性において行っていくことが必要であろう。

世の中には障害者と非障害者のふたつのカテゴリーしかない。そのあいだの境界を作っているのが非障害者の側である限り、この問題には実のところ、非当事者は誰もいない。差別をなくすのが差別を作りだした差別当事者の責任と課題であるならば、どのような当事者性においても、なすべきことは山積している。その先に見える地平線上には、障害の有無にかかわらない、相互理解と交流が待っているだろう。

4章　当事者たちがつながるとき

この章では、当事者運動の、組織論と運動論を扱う。何を達成するかという理念は、いかに達成するかという手段やプロセスと切り離せない。自立生活センターをはじめとする障害者運動の運動体は、同時に事業体でもあるというユニークな発展を遂げてきた。それだけでなく、女性運動や環境保護運動など他の多くの新しい市民運動と同じく、ネットワーク型の組織論、運動論をも共有している。

1　システムアドボカシー

当事者の権利を擁護するには、アドボカシー(権利擁護活動)が欠かせない。アドボカシーには、制度改革を目標とする組織が行うシステムアドボカシーと、個々の利用者の権利を関係者から守るパーソナルアドボカシーとがある。

自立生活センターは、行政に対して二面的な活動を行っている。

一方では行政からホームヘルプサービス事業の委託を受けながら、たんに受け身の受託事業体として活動するだけでなく、介助サービスの増加が必要な障害者のニーズを満たすように、行政に対して要求している。サービス利用の当事者であり、かつまた提供事業者でもあるという複合した立場をもつからこそできる芸当であろう。

行政を交渉相手とするシステムアドボカシーは、伝達可能な技術である。当事者団体のさまざまな要求への行政側の応答もパターン化されている。財政状況がきびしいとか、それだけのサービスを実施しようにも介助者が足りなくて需要に応じるだけの供給が確保できないというものである。

全国自立生活センター協議会が、支援費制度の策定にあたって、システムアドボカシーに成功した具体例を挙げよう。

支援費制度は、介護保険制度を準用して作られているため、サービス提供者には、介護保険と同じヘルパー資格が必要とされる。だが、これまで各地の自立生活センターで実際に介助サービスにあたってきた登録介助者のなかには、ヘルパー資格をもつ者が少ない。

二〇〇一年七月、全国自立生活センター協議会では急遽《きゅうきょ》アンケート調査を全会員にむけて実施し、その結果、二、三級ヘルパー資格(当時)を所持しない介助者が、全国二万人の介助者のうち八二%を占めることがわかった。そこで、今もしも、資格制度を完全実施すると全国の八二%の重度障害者は介助者が使えなくなり、厚労省自体が全国でのサービス供給体制を作れなくなる、という実態を示して、都道府県の認定介助者という緊急避難的制度を作らせることができた。

こういう機動力と組織力、そして実態をデータで示して説得する技法が、自立生活センターのシステムアドボカシーの強みである。

自立生活センターのシステムアドボカシーの手法は、行政に政策を変えさせようとする前に、実績を積みあげ、現実に対応が可能であると実態を示してゆく方法である。自立生活センターには数百人におよぶ登録介助者がいる。供給は確保されているという実態を作りあげ、そのうえで、地域で実際に自立生活をはじめ、介助ニーズをもつ当事者をともなって、行政に訴えていくという権利擁護活動である。まず実態を変え、実績を積み上げ、それが最終的に政策の変更を導くのである。

2　縦割りから横断的な連携へ

(1)　高齢・障害などの福祉ユーザーユニオン(消費者組合)

戦後の障害者団体の形成は、障害種別に進んだ。日本盲人会連合(現在は日本視覚障害者団体連合)、全日本ろうあ連盟、日本身体障害者団体連合会、全国精神障害者家族会連合会(現在は精神保健福祉会連合会)、そして全日本手をつなぐ育成会(現在は全日本手をつなぐ育成会連合会)という知的障害者とその家族の会などが生まれ、縦割りの組織形成が行われた。当初は親や家族による団体が生まれ、その後、障害当事者の団体が生まれるようになった。

在宅の障害者介助サービスや交通などのアクセス問題において組織として連帯したのは全国自立生活センター協議会、DPI日本会議、全国障害者介護保障協議会の三団体で、すべて自立生活センター加盟団体が主力を占める団体である。DPI日本会議は障害種別を超えた草の根の運動体の連合体で、重度障害者が多いことから長時間の介助サービス利用者が多い。また電動車いすで外出することも多く、電車・バスなどの公共交通機関のアクセス問題についても関心が高かった。そのため三団体は親和性が高く、共同歩調をとることも多かった。

(2)　ユーザーの立場からの当事者の政治パワーの獲得

日本における高齢者の政治勢力の組織化は、まだまだこれからの課題であり、高齢者パワーと障害者団体の経験とが結びつけば、当事者としての巨大な政治勢力を形成することができるだろう。というのも福祉サービス・ユーザーとしての障害者当事者団体の経験の蓄積とノウハウとは、高齢者団体に一歩先んじているからである。

それと並行して、高齢者が当事者として連帯することが重要であろう。

アメリカではAARP（発足時は「全米退職者協会」）が三九〇〇万人を組織し、政権を左右する強力なアドボカシー集団を形成している。さらにグレイパンサー（老人解放組織）や、フェミニズムのなかの反エイジズム（年齢差別）の動きなど、高齢者はあなどりがたい政治勢力となっている。

日本でも、高齢社会をよくする女性の会は、各地で男性をまきこんだ超党派の高齢者の当事者団体を展開してきており、この点では男性に一歩先んじている。二〇〇三年には、全国で個人会員一一〇〇名、グループ会員一〇〇団体。グループ会員は数名から三〇〇〇名に至る巨大な組織まであり、総数を確定することができない。ただし近年は会員の高齢化が進んでいる。毎年九月に各地を持ちまわりで開かれる全国大会には、自治体をまきこみ、自民党女性局から地域婦人団体連合、労働組合女性部から草の根のフェミニスト団体に至るまで、幅広い連携を実現し、会場に三〇〇〇人を超える参加者を集める動員力をもっている。この団体が、介護保険制度策定にあたって持った影響力はよく知られている。

高齢者の当事者団体のなかで、自立生活センターと同じように、アドボカシー団体であるだけでなく事業主体でもあるものに、高齢者生活協同組合や高齢者事業団のようなものがある。

高齢者生活協同組合は傘下に二〇〇三年当時全国一七〇ヵ所の介護保険事業団体をもってお

り、当事者の力を拡大(エンパワメント)しようとする方向でも自立生活センターとの共通点も多い。高齢者生活協同組合と自立生活センターとは、共同で介護保険利用者の共同調査作業に入り、運動体・事業体として共有できる部分はどこかを探ろうとしていた。この連携が進めば、全国一二〇〇万人のユーザーを集めて大連合を形成し、福祉サービス・ユーザーユニオンを結成することも夢ではない。

アメリカのAARPは会員の医療保険のディスカウントを目的としたところがあったが、日本では銀行の預金・借入利子の優遇措置、ホテルや興行の割引、大規模チェーン店での割引など消費者としての権利を主張できるだろうし、政治的にも年金や福祉施策の充実を求めての運動を展開することも容易になるだろう。地方政治でも自治体首長選挙は一種の住民投票のおもむきをもっているが、都道府県や市町村の首長選挙で、高齢者と女性のパワーが無視できないことは、各地で証明されている。

3　ノウハウの伝達と運動体の統合

自立生活センターは、当事者主体の地域ケアの実験場として機能してきた。身体障害者の地域ケアシステムは、ほぼ完成したと言ってよい。そこで全国自立生活センター協議会では二〇〇二年より、知的障害者への地域支援サービスに力を入れていくことになった。

これまで国の制度では、家族と同居している重度知的障害者に対する家族支援のためのホームヘルパー制度しかなかったが、二〇〇二年より軽度の知的障害をもつ者が単身で地域に居住して、ホームヘルパーやガイドヘルパーを使えるようになった。

この制度の要綱づくりにさいして、厚労省は初めて、当事者団体であるピープルファーストジャパンと、支援者であり介助サービスの提供団体である全国自立生活センター協議会との話し合いに応じた。初めは緊張していたピープルファーストジャパンのメンバーもしだいになれてきて、自分たちだけで交渉し、具体的な提案をした。利用目的のなかにレクリエーションを入れることに成功し、さらに地域行政はそれでも映画に行くのにガイドヘルパーを使わせてはくれないだろうと訴えて、「映画館に行って、外で待っているのもガイドヘルパーのしごとである」という具体的な記述を要綱の付則につけることを認めさせた。とりわけガイドヘルパーの制度化にあたっては、先行して知的障害者の自立支援をしていた東京都東久留米市のグッドライフやHANDS世田谷など、自立生活センターのノウハウが役に立った。

「ガイドヘルパー」とは、初めての場所へ行くのに電車の乗り換えや行き先表示が読めないなど困難がある場合の、外出の付き添い介助者のことである。通常の介助者派遣と違って、知的障害者の場合、家族や作業所の職員以外との外出経験が少ないため、事前に介助者とのお見合いの機会が必要となってくる。

たとえばヒューマンケア協会の場合は、知的障害者のために花火見物、お祭りへの参加、買い物などメニューをそろえ、介助者を用意して参加者を待つような行事を行って、介助者との外出になれてもらう期間を半年設けた。

その後、「しゃべり場」と称して、作業所や仕事帰りの知的障害者が集まって、将来のことや自分の悩みなどを当事者どうしでわかちあえる場を作った。さらに、自立生活をしている重度の身体障害者の「しゃべり場」への参加を求めて、その家に訪問させてもらったりして、自分たちにも自立生活が可能なことを知ってもらおうとしており、関心をもつ者が数人生まれてきた。すでに自立生活している知的障害者の先輩も複数おり、彼らが中心となって知的障害者当事者の自立生活センターを設立することができれば、もっとも当事者のニーズに即したサービスを提供することができるようになるだろう。

視覚障害者のガイドヘルパー制度については、二〇〇二年までは行政が業者を指定する権限を持っていたために、民間事業者や当事者団体を排除して、行政と関係の深い社会福祉協議会のみが限定して事業を受託していることが多かった。そのため、市役所や病院に行くこと以外に利用するには制限が多く、たとえば、デパートでのウインドウショッピングはだめで帰り道の商店での買い物はよいとか、市の主催する会議や講演会への参加はよいが一般の講演会やカルチャースクールへの出席はだめといった具合に、当事者ニーズに合わない実態があった。二〇〇三年四月から始まった支援費制度においては、ガイドヘルパーの行き先制限はなくなり、当事者の選択にしたがって行き先を選べるようになった。業者も自由に参入でき、利用者が業者を選べるようになった。

ヒューマンケア協会では二〇〇〇年から行き先制限のないガイドヘルプサービスを民間ベースで始め、視覚障害の当事者をコーディネーター役として雇用した。当事者ニーズを的確にとらえられるため、登録時にバスの停留所まで自分で来られるのか、それとも家から出ること自体に介助が必要なのか聞くことも忘れない。視覚障害者の雇用にあたっては、音声パソコンや点字プリンターつきのコンピュータを購入するだけで、会員の管理も、報告書づくりも即座にできるようになり、印刷物を読む職場介助者を配置すればいっしょに働くことに支障はない。

他方、精神障害者のホームヘルプサービスの権限が、市区町村の福祉担当部署に移行したのは二〇〇〇年である。ヒューマンケア協会では精神障害者のサポートセンターを、支援費制度と同時にスタートした。その準備のために二年前から精神障害者のピアカウンセラーの養成を始めた。当初、一〇名のピアカウンセラーが育ち、そのうちの三名がコーディネーターとなって、ホームヘルプサービスの開始に備えた。一人暮らしで不安になったとき、同じ障害をもつ仲間の支えは、何ものにも代えがたいものである。

自立生活センターでは、聴覚障害者のピアカウンセラーも支援費制度のスタートと同時に活動を始めた。聴覚障害者は、身体障害者のグループと手話通訳者つきでピアカウンセリングに参加している。当初は非聴覚障害者であるピアカウンセラーとのあいだのコミュニケーションが間接的で不自由なこともあったが、それにもまして当事者どうしの支援の大切さが立証されつつある。聴覚障害者どうしのピアカウンセリングが確立されれば、手話というもうひとつの言語をもちいた分野が開拓できる。手話を習得しさえすれば、誰でもこの言語の世界に参入し、聴覚障害者との豊かなコミュニケーションに参加できるのである。

このように自立生活運動の理念とサービスをめぐるシステムとノウハウは伝達可能で、異なった障害当事者どうしでの交流から得られる新たな発見も多い。それが他の障害者のサービスの充実につながっていくこともある。非障害者にも、このおもしろさを味わってほしい。

将来、自立生活運動は理念どおりに障害種別を超えることができるかどうか、予想はむずかしい。しかし、現状では、運営資金や組織運営については身体障害者の当事者団体の経験と蓄積が先行しているので、身体障害者団体が知的障害者、精神障害者の団体を応援しながら進めることにメリットがあるだろう。知的障害者、精神障害者のあいだから自立生活者が増えて、当事者グループが形成されてくれば状況は変わってくるだろう。現在は共同することによってお互いに学び合えることが多い過渡期と言える。

4　組織と連携

障害種別を超えた当事者団体の組織化と連携はぜひとも必要だが、それをひとつの団体のもとに結集すると、組織が巨大になりすぎるという問題が起こる。歴史的に過去の利益団体や運動体を見てくると、巨大化した組織は、組織それ自体を保存することが自己目的化する傾向があり、官僚化や制度化などの弊害《へいがい》をともなうことが多い。

運動体が中央集権型の官僚組織になると、メンバーの自発性が失われ、運動の活力は失われてしまう。組織のこのような限界を超えるために登場したのが、新しい社会運動論、ネットワーク組織論である。それは戦後の政党や労働組合運動などの中央集権型の組織運動に対する反省と批判から生まれてきた。

こういう新しい社会運動のひとつであったフェミニズムの団体のなかには、代表を置かず、総会をもたないというところさえあった。それでも会は活動を継続することができるし、政治的なイシュー(課題)が登場したときには、ネットワークの情報網がただちに活性化して、相当の動員力をもつこともできた。

そのなかのひとつ、関西に拠点を置く日本女性学研究会の標語は、「誰も誰をも代表しない。誰も誰にも代表されない」というものである。だから何か言い分のあるメンバーは、運営会に出かけ、自分の要求を提案し、それを自分で担っていくことが求められる。そこではニーズをもつことと、それを達成することとが、当事者の責任と自発性のもとで行われる。

当事者運動といえども、組織化にともなう危険をもっていないわけではない。

私たちが何よりも「当事者主権」を強調するのは、誰かが誰かの利益を代表し、代弁するという間接民主主義型の代表制組織に陥らないためでもある。自立生活センターが、運営委員会の半数以上を障害当事者が占めると規約で決めていることも、その姿勢のあらわれである。それはともすれば支援者が障害者のニーズを代弁し、非障害者が効率の原理のもとに自分たちの基準に合わせてものごとを進める傾向に歯止めをかけるためでもある。障害者の当事者運動が、非障害者を中心とした現状の社会のルールにむりやり自分たちを合わせる代わりに、障害を障害と感じなくてすむ、よりユニバーサルな社会のためにルールを作りかえようとしているときに、障害者運動を効率の名のもとに非障害者中心に進めるのは自己矛盾と言うべきであろう。

5 適正規模とネットワーク型連携

どんな集団にも適正規模というものがある。大きければ大きいほどよいということにはならない。経験的には対面的コミュニケーションが維持できる集団の規模の上限は、一五人程度ということがわかっている。それを超すと集団は半分に割れる傾向がある。

自立生活センターの経験でも、たとえば一〇人程度の職員規模ならば職員どうしのコミュニケーションも容易である。また利用者も一〇〇人規模ならば個性をとらえてきめ細かいサービスが可能である。ところが四〇〇人規模になってしまうと名前と顔が一致しなくなってしまう。人間の記憶能力を超えてしまうのである。

だが、小規模にとどめておくことにも問題はある。第一に財政的に安定しない。長時間の介助利用者が一人入院するだけで財政的に苦しくなる。職員は余裕をもって雇用することができないので、いつ辞められても運営に支障をきたす。集団が適正規模を超えるたびに分離していくことがもっとものぞましいが、障害者の人材のなかから、次の代表、事務局長を育てていくのには時間がかかる。変化の激しい社会では、時機に乗り遅れてのスタートは致命的である。

三年ごとに報酬改定が行われ、それにあわせて制度が変わるなかで、先を読みながら人材育成もし、次の事業展開をしていかねばならないとき、解決すべき課題は多い。

したがって私たちはフランチャイズ(本部‐支部)方式を採らない。自立生活センターには、よく地方から問い合わせが来るが、基本的には自分の暮らしている地域で同じような組織を作るように奨励している。もちろん自立生活センターのない地域に、新しく自立生活センターをたちあげる創業期支援には、人的にもノウハウのうえでも協力を惜しまないが、それは地方支店を作ることや、本部とフランチャイズとの関係と同じではない。あくまで地域に即した独立した事業体であり、各地の自立生活センターが連携して全国の運動を形成することが期待されている。

同じようなネットワーク型の組織論は、高齢社会をよくする女性の会でも実践されてきた。この会には、先に述べたように、各地に高齢社会をよくする女性の会・大阪や、高齢社会をよくする女性の会・名古屋などの「グループ会員」があるが、各地の団体は本部に対する支部の関係にはなく、独立性を保っている。持ちまわりの全国大会も、名のりをあげた地方の団体が、地域の自治体や各種団体と連携して独自に実行委員会を設立する方式で行われており、毎年開催地ごとに個性を発揮してきた。一つひとつの団体は規模が小さいが、連携すれば大きな動員力を持つ例のひとつであろう。

6　法人格の功罪

(1)　非営利市民事業体

介護保険のサービス提供事業所のなかには、大きくわけて、官、民、協の三種類のセクターがある。

官というのは自治体もしくは社会福祉協議会のような自治体の外郭団体を含む。民は、民間の営利企業、協は、消費者協同組合や農業協同組合、高齢者生活協同組合のような組合法人、NPOや任意団体のような民間非営利団体をさしている。共セクター(協同セクター)、もしくは市民セクターと呼ぶこともある。

一九九七年、日本にNPO法(特定非営利活動促進法)ができたとき、すでに半官半民の「第三セクター」と呼ばれる公益法人があるのだから、いまさらNPOを作るに及ばない、という議論もあった。だが、日本における第三セクターなるものの多くが、実際には一〇〇%官出資の、行政の外郭団体にすぎず、その強い統制下に置かれていることは周知の事実だった。そして多くの公益法人が、中央および地方官僚の定年退職後の天下り先になっていることも、公知の実態である。

介護保険は、介護という基礎的な自治体サービスを、アウトソーシング(外注)するという行政手法の革命をもたらした。もともと一連の行政改革の流れのなかで登場した介護保険にとっては、ヘルパーを自治体職員として雇うことで公務員を増やすというオプションはない。社会福祉協議会は登録ヘルパーを雇用することで介護保険に参入したが、それまで主として措置の制度に依存してきた社会福祉協議会のなかには、出来高払い制の介護保険のしくみについていけず、混乱が起きたところもあった。各地の社会福祉協議会のなかには、力量の限界から介護保険の指定事業所に名のりをあげなかったところもあるし、いったん参入したあと、撤退したところもあった。

民間の営利企業は、利益が上がる限りマーケットにとどまりつづけるだろうが、そうでなければ撤退する。慈善事業ではないのだから、赤字経営をつづけていくことは、営利企業にとっては許されない。だが、高齢者の健康と生命を預かる大切な仕事をしながら、経営が行き詰まったからといって事業所の閉鎖を決定するようでは、営利企業を信頼することはできない。いかに口当たりよく「利用者本位」と言ってみても、民間企業にとっては、利用者の利益より企業の利潤のほうが重要である。

だからこそ、NPOのような非営利市民事業体の役割が重要なのである。

(2) 行政とのパートナーシップ

効率だけではなく、サービスのクォリティについても、非営利市民事業体は優れている。これまで行政委託の措置に依存してきた社会福祉協議会などでは、当事者ニーズに関心を払うことが少なかったせいで、サービスの質も低く、改善される可能性も低かった。一方、企業のサービスは、利益さえあれば競合してサービスの品質が改善される可能性は高いが、独占状態になると健全な市場淘汰《とうた》が働かない。

何より、営利企業にとっては、誰が顧客なのか、という問題がある。高齢者介護事業の場合でも、カネを管理してそれを直接支払う人が顧客だということになれば、「利用者」とは結局、当事者ではなく、家族だということになる。そして家族にとっては、介護負担を少しでも減らすことが最大のニーズである場合が多く、当事者のニーズは後回しになる傾向がある。

このことは、介護サービスの市場化が成立した過去二〇年間ほどのあいだに、介護サービスの品質が必ずしも改善されなかった(たとえば高齢者を縛る介護とか、寝たきりにする介護)ことからもわかる苦い歴史的教訓である。家族と当事者の利益が、かならずしも一致しないことは、自立生活運動の歴史からもあきらかであろう。

これに対して自立生活センターのような当事者団体のサービスは、社会的な貢献を目的とした非営利事業であるところから、介助サービスで利益があがれば、たとえニーズが少なくても、それをさらに緊要な当事者ニーズに即して投資するというような選択をすることができる。たとえば緊急待機要員を雇用したり、夜間の待機要員を雇用したりもする。それでも余裕があれば、まだ自立生活センターのない地域の障害者を支援しようと、未設立の地に自立生活センターが設立されるように人的、資金的な援助をしてきた。

福祉サービスは当事者が運営にかかわらなくてはよいサービスにはならないということは、すべての障害者がその身をもって感じてきたところであり、そのサービスのない地域の障害者がどんなに困っているかは、障害当事者にはよく理解できるからである。

これからの日本は、行政や企業に頼るのではなく、地域のなかでニーズを感じた人々が声をあげて、必要なサービスを供給するＮＰＯ法人や無認可団体を、市民事業体としてみずから積極的に作りあげることが必要とされるだろう。

そのひとつワーカーズ・コレクティブとは、みずから名のりをあげたキーパーソンが、「この指止まれ」で他のメンバーをまきこんで、みずから出資して作る事業体である。東京大学社会学研究室が二〇〇〇年に九州の消費生活協同組合グリーンコープ連合と共同で実施した調査によれば、介護事業にのりだした福祉ワーカーズ・コレクティブのメンバーは、ほとんどが家族介護の経験者であり、待ったなしの当事者ニーズをかかえたことのある人々であった。政治による制度改革を待てないこうした人々自身を担い手とする事業体が、地域福祉の実績を作りあげてきた。みずからを事業主とするこういう市民事業体は、雇用者ではないから、定年もなく、志と体力さえあればいくつになっても働いて他人の役に立つことができる。

NPOのような市民事業体は、どこも財政基盤が弱い。自治体は介護・介助のアウトソーシングを引き受けてくれる市民事業体をみずからのパートナーとするべく、財政、インフラなどにわたって創業期支援をする必要があろう。NPOの側でも、理念に反しない限り、公的助成をできるだけ活用して、行政とのパートナーシップを進めていくようにしたほうがよい。

そして最終的には市民セクターで、市場における競争に勝ち残って利用者に選ばれるサービスを提供し、独自の雇用を生み出していくべきだろう。NPOが市場セクターにまるごと取って代わるという可能性は夢想にすぎないが、アメリカのようにNPOを含む市民事業体が雇用の一〇%を占めることは夢ではない。

当事者ニーズに即したサービスの需要と供給のサイクルを地域で創出し、当事者をユーザーだけでなくワーカーにもしていくことで、これまでの企業とは異なる新しい働き方を作りだすこともできる。そうすれば、年齢や障害にかかわらず、というよりも当事者だからこそ可能な、もっと生きがいにあふれた、充実した人生を各人が送れるようになろう。

(3) 無認可団体かNPO法人か

ヒューマンケア協会は、いまだに無認可団体である。選んでそうしている。入居施設のようなハコものを作るためには社会福祉法人格を取る必要があるが、障害者の施設収容は、当事者のニーズからではなく親や行政のニーズから出てきたものである。施設に入れておけば安心、というのは家族や管理者の発想にほかならない。

当事者は、地域で自立して暮らすことを望んでいる。そのために二四時間のマンツーマンの介助が必要な場合もある。グループホームもひとつの選択肢だが、暮らす相手を選択できないグループホームは、抑圧的にもなりうる。人と調整しながら生きることの、ことにむずかしい知的障害者の場合には、四人に一人の介助者では対応できないこともある。自立生活センターは、当事者ニーズに応じることを原則にしている。

したがって制約や条件の多い社会福祉法人格を取ることに当面メリットはないが、NPO法人格の取得は、事業体としては意味がある。そのため、NPO法人格を取得した自立生活センターもある。法人格がないために個人に無限責任が帰される任意団体の欠点をカバーできるからである。

支援費制度のスタートとともに、行政の居宅介護事業の委託を受けようとすれば何らかの法人格を取らないとむずかしくなり、NPO法人の活用の場は広がった。

自立生活センターは早い時期から、NPO法人制度の創設を提案してきた。一九九七年のNPO法の成立にあたっては「シーズ・市民活動を支える制度をつくる会」とともに衆議院の公聴会に出るなど、協力を惜しまなかった。シーズ(C's)とは、市民たちという意味で、NPO法を市民の手で作ることをめざして、全国区から市民運動家が結集した団体である。事務局長(当時)の松原明はたぐいまれなリーダーシップによって、わずか二年でNPO法を成立させた。

7　事業体と運動体は分離しない

これまで営利企業のような事業体、反核運動のような運動体は、べつべつに存在してきた。運動体はふつう利害を度外視して持ち出しで行われることが多く、自発性を重視して人を動かすのが目的である。他方、事業体は人とモノとカネを動かし、義務と責任がともなう。事業体は、継続していくための条件を考えなければならず、赤字や持ち出し、寄付頼みでは継続はおぼつかない。

事業体と運動体とは、これまで相容れないもののように考えられてきたが、NPOのように、同時に運動体でも事業体でもあるような新しい民間団体が生まれることによって、新展開が期待できるようになった。

運動体でもあり事業体でもあるというふたつの側面を兼ね備えた団体は、当事者運動の歴史のなかでも例が少ない。自立生活センターは、まさにその運動体と事業体の結合した組織の先駆的な例である。運動体は実現すべき理念を掲げてそのために運動するが、運動にとっても経営の課題は無視できない重要性をもっている。

障害者の運動体も含めて、権利擁護的な活動をする運動体というものは、ともすると、経営上の努力を怠ったり、軽視したりする傾向がある。だが、どんな活動にも人を動かすことがついてまわる。それに加えてカネとモノ、さらにサービスを動かす必要が出てくれば、高邁《こうまい》な志や理念だけではやっていけない。

介護保険や支援費制度で、民間企業が介護サービスや介助サービスを提供する事業体として登場している今日、民間企業を超えるようなよいサービスを提供していかなければ、市民事業体の存在意義はない。さらには複数の事業所のなかから、利用者に選んでもらえるようなサービスを提供し、事業体として生き残っていかなければならない。正しい目的を掲げるからといって、選んでもらえる良質なサービスが提供できるとは限らない。ここでもサービスを選択するのはあくまで当事者である、という当事者主権の考え方が基本にある。運動体の強みは、当事者ニーズにいちばん近いところにいる、という経験と実績である。

自立生活センターの介助サービスだけが、全国に先駆けて二四時間体制のシフトを敷き、深夜であろうが早朝であろうが緊急のニーズに対応してきたこと、日曜、祭日、正月、盆もなく営業していること、定期的な介助に穴が空いたときには職員のコーディネーターが瞬時に代役を務めることなど、ふつうは営利的にはまったく成り立たないことを、自己資金持ち出しで、採算を度外視して行っている。サービス利用当事者が運営していればこそ、やれることである。

わずか十数年のあいだに、自立生活センターが全国一〇〇ヵ所以上に拡がった理由のひとつに、つぎのことがあげられる。つまり、一人の障害当事者と一人の介助者兼事務局スタッフが、自立生活を現実に実践し、その実績にもとづいて、そこからでてくる介助ニーズを行政にぶつけていくことによって、行政のサービスの拡大を図り、行政のサービスの拡大をてこに、今度は要介護障害者をその地域に発掘し、組織を作りあげていき、利用者が増えることによって事業体としての収益が増え、その収益をもとに職員を雇って、より充実した事業展開を行う、という戦略をとったことである。

「要求なきところに福祉サービスなし」という原則がある。当事者の望むサービスを行政が進んで提供した前例はない。施設づくりなど、ハコもの行政が土建業界と天下り機構を作るために必要とされても、地域の福祉サービスをよくして当選した議員はめったにいない。福祉サービスは当事者の要求をもとに、しぶしぶ行政が腰をあげるのが日本の現状であり、自立生活センターは、そのシステムを逆手にとったとも言える。

一方で、従来の運動体のなかには、その純粋な運動理念を尊ぶあまり、理念に賛同しないものには、サービス提供を断るというような組織も存在した。しかし、自立生活センターは、サービス利用者はお客様であり、消費者であるという民間企業と同じ姿勢をもっている。だから、理念や宗教や民族、障害種別、性別、あらゆる差異を超えてサービスを提供する心がまえを基本的に備えた事業体でもある。

障害当事者が経営者であり、運営の実権を握り、当事者ニーズ中心のサービス提供をする理念をもち、サービスの内容、対象、時間に制限を設けないという意味では、自立生活センターは、サービスの品質がもともと当事者によって保証されたサービス商品を提供する事業体でもある。

運動体から始まった団体が事業体を兼ね備えるのは、実際には非常にむずかしい。どうしてもカネとモノを動かし、責任と管理の体制を担う事業体の側が、運動体に対して優位に立つ傾向があるからである。

生協組織などを見ても、環境保護や安全な食べ物運動などの崇高な理念をもってスタートしたはずなのに、しだいに経営側と組合員ら運動側との分離が進み、少数の専従者による専制的支配体制ができあがるような例も見受けられる。それに嫌気がさして運動から離れる人が出てくることもある。誰が経営の責任者になっても、理念が引き継がれなくては運動体と事業体との分離が起こってしまう。理念を追求することから始まった運動体が、しばしば民間の営利企業と変わりない、たんなる事業体に転化する例は残念ながら少なくない。

自立生活センターは、運動体と事業体とのあいだのこの分離の傾向に対して、自覚的な歯止めを組みこんできた。

ヒューマンケア協会の場合は、新しい職員が入ったときには、まず自立生活の理念について、自立生活センターの歴史と、当時者主体の運営やサービスの理念およびその理由について、一週間程度の研修を行う。どんな運動体も創業期と成熟期とでは担い手の性格が違い、理念の継承に困難が生じるからである。

中西はヒューマンケア協会を作るとき、身体障害者の通所訓練施設「第一若駒の家」という、東京都と八王子市が運営資金を助成して当事者が運営する日本でも初めての組織に関与していた。そこでは自分がコンピュータの勉強をしたければ仲間を募り運営委員会で提案する、運営委員会で認められれば教師を雇い、機械を買って事業ができる、という当事者主体の運営がされており、いわば障害者のたまり場的なところであった。ここでは駅のアクセス改善の運動なども した。バザーや行事が年中企画されていた。

ここには、学生やタクシー運転手、自由業などのボランティアがいたが、昼過ぎから出て来る者、夕方になると出て来て深夜までいる者などもおり、障害者がそれに引っ張られ時間的にも組織的にもルーズになりがちだった。つまり事業体としてより、運動体としての性格を色濃くもっていた。

ヒューマンケア協会は「第一若駒の家」の一角を借りて、障害当事者による事業体としてスタートした。しかしそのような場所で、事業体であるという認識をもつためには相当な覚悟が必要だった。

そこで事務所開設の初日から背広とネクタイで出社し、九時―一七時で働くことを励行《れいこう》した。事業体は利用者に対して責任がある。朝九時に利用者から電話があっても、誰も出なければ信用がなくなるだろう。連絡をして担当者がいなくても、組織的にすべての人が情報を共有するシステムを作るなど、基本的なことから作り上げていく必要があった。

事業体がいったんできてしまうと、事業体は日々の介助者派遣の事業に追われる。放っておいても新たなニーズは生まれてくる。

他方、自立生活プログラムやピアカウンセリング・プログラムなどの、運動現場から生まれる事業は、利用者ニーズに対応して初めてやるようなものではなく、戦略的かつ計画的に準備し、担い手をまきこんで行う中長期の事業である。こうした事業は運営の中心にいる者が、状況に目配りし、周到な次世代戦略を決断しなければできないことである。事業体は人的にも財政的にも多くの資源を必要とし、人材も資金もそちらにまわってしまう傾向がある。そこで、運動と事業とのバランスを取りながら運営していく技術が求められる。

運動体と事業体との分離や、事業体が運動体に対して優位に立つ傾向は、市民運動から出発したどんな事業体にも共通の悩みだが、その点でも、自立生活センターは興味深い例を提供してくれる。それというのも、自立生活センターの場合、運動体の部分を外すと運営が成り立たないからである。そのことが、統合的な運営ができている所以《ゆえん》であろう。

8　採算部門は不採算部門に対して必ず優位に立つ

自立生活センターの活動は、介助料の事務手数料一時間あたり一〇〇円の収入や、出版物の収益などの自己資金や、一部自治体の補助金を受けてなりたっている。とはいえ、収入が仕事量につれて増えるわけではなく、限られた財源のなかでしなければならない事業が数多くある。そのなかでもホームヘルパーの委託事業はNPO法人格をとった部門が行っており、仕事量が増えれば増えるほど収入も増える。そうなれば採算部門の発言力がどうしても強くなる。

そこで自立生活センターでは、両方の部門の代表を障害当事者とし、運営の実権を障害当事者が握ることで、採算部門が不採算部門より優位になる傾向を押さえる努力をしている。また、自立生活センターでは、ホームヘルパー派遣などの事業体の事務所も、運動体の事務所と同じ空間を共有することによって、互いに運動と事業の両方の状況がつねにつかめるように工夫をしている。このことが、採算部門の発言力が増すのを防ぐことに大きく寄与していると思う。

5章　当事者は誰に支援を求めるか

ところで当事者ニーズに応じるサービスは誰が供給するのか？　自立生活センターはサービスの利用者が提供者でもある、という地域に密着したサービスの需要と供給のサイクルを作りあげてきた。こうしたやり方は、住民参加型地域福祉にも参考になる。そのために何が必要かを、この章では検討しよう。

1　障害者起業支援

ヒューマンケア協会がスタートして二年経った一九八八年。四人の職員のうち、一人には月七万円、そのほかはすべて無給という状況だが、自立生活プログラムのマニュアルが発刊され、介助サービスがようやく安定して運営できるようになった。そのころ、東京都が高齢化社会に備えて二〇〇億円の基金を創設し、民間の団体に補助金を出して育成する方針との情報を得て、早速東京都に問い合わせ、担当の職員との面会を求めた。

そこで若手の新進気鋭の職員岡部一邦との交流が始まった。こちらからは自立生活センターは障害種別を問わず高齢者にも介助サービスを提供しており、基金の趣旨に合う団体であることと、また自立生活プログラムという新たな障害者地域支援のツールを開発し、自立支援にはとくに効果的であること、今後この種の自立生活センターは全国に広まる可能性が十分あることなどを話し、大きな関心をもってもらった。翌週には担当者が早速センターに来所してつぶさに見学し、その後も多くの資料を請求に応じて提供した。

同年には「地域福祉振興基金」が発足し、そのなかに住民参加型の介助サービス部門、自立生活プログラム部門、リフト付きバンによる移送サービス部門が設定されていた。

このような、民間の法人格をもたない無認可団体に人件費をつけてその創業を継続的に支援する制度は前代未聞であり、画期的な制度となった。おかげでヒューマンケア協会は事務所の家賃を支払い、さらに非常勤職員を入れて八名体制で運営できるようになり、創業時の危機を乗り越えた。その後一八年かけて自立生活センターは都内に二六ヵ所となったが、それはこの制度ができたおかげというほかない。

2　介護保険と市民事業体の創業期支援

生協系の福祉ワーカーズ・コレクティブには、介護保険に参入している事業所が多い。そのうち九州を拠点とするグリーンコープ連合は、一九九五年にすべての組合員が月一〇〇円を拠出する福祉活動組合員基金一億三〇〇〇万円を原資として福祉連帯基金を創設し、福祉ワーカーズ・コレクティブに対して一団体あたり年間六〇万円の創業支援をしてきた。そのうえ、生協本体は、傘下《さんか》の福祉ワーカーズ・コレクティブに対して、事務所スペースや家具什器《じゅうき》類、通信機器や光熱通信費に至るまでのインフラ支援をしてきた。

足腰の弱い市民事業体では、経営のノウハウのみならず、こういう現物のインフラ支援があるのとないのとでは、立ち上がりの勢いが大いに違ってくる。ベンチャービジネスにはインキュベーター（孵卵器《ふらんき》）があるが、市民事業体にも創業支援は不可欠であろう。

事実グリーンコープ連合では、一九九六年に二団体が名のりをあげて以降、二〇〇二年度までに七一団体が福祉ワーカーズ・コレクティブとして設立された。二〇〇一年度にはのべ七八事業所が介護保険の指定事業者として参入し、経営的にも安定した。

ワーカーズ・コレクティブは、もともと首都圏の生活クラブ生協から始まった。ワーカーズ・コレクティブとは「労働者協同組合」、働く者が出資金を出しあって、「雇う・雇われる」の関係ではない共同経営をめざす働き方である。一九八四年に第一号「凡」が成立して以来、食品加工や惣菜づくり、生協の宅配業務などを請け負って、生協組合員が消費者から生産者へ、そして労働者へと移行するしくみを作ってきた。その後、食材を中心とした消費者生協から、助け合い事業を担う福祉生協へと展開する過程で、子育て支援や家事援助などの有償ボランティア事業を積みあげてきた。介護保険法は、すでに地域で助け合い事業の実績をあげてきた福祉ワーカーズ・コレクティブが、介護事業体として介護保険に参入することで、経営基盤の安定をもたらしたのである。

その後二〇二〇年になって、主婦を中心としたワーカーズ・コレクティブと男性労働者の自主管理を主としたワーカーズコープの運動が合流し、悲願だった労働者協同組合法が成立し、法的な保障が得られるようになった。

福祉ワーカーズ・コレクティブは、生協という資金力のある事業体をバックにもつことで創業支援を得たが、これはほんらいもっと公共的な団体、たとえば自治体の果たすべき役割であろう。全国の自治体のなかには、介護保険がらみで、積極的に創業支援を行っている先進的な事例がいくつもある。

これまでの自治体の助成金といえば、市民のなかのキーパーソンが核となってボランティアを周辺に集め、持ち出しで事業を一年、二年と継続して実績を積み上げてから、初めて単年度の助成金を支出するというものであった。これは実績が明らかになっているものに対して、その成果を追認するという手法で、これでは自治体は少しもリスクを負わずにすむ安上がりの事業と言われてもしかたがない。

とりわけ市民の始める事業の場合、初期投資の財源がないことが多い。ほとんどの人は、志と理念、そして人並み以上のエネルギーだけで駆けだし、財政的に行き詰まって挫折する場合も多い。こういう場合には、行政は実績主義ではなく、先行投資で事業の先物買いをする必要がある。

介護保険を例にとってみれば、要介護にはあたらないが地域のなかで孤立しがちな高齢者に対して、配食サービスや生きがい事業を始めた人々がいる。また大きな古民家をもっているが、すでに住み手がいなくなった住宅を、バリアフリーに改装してミニデイホームに提供しようと思う人もいないわけではない。だが、志と資金をつなぐ道がなければ、これらの思いも空回りに終わってしまう。たいがいの市民にとっては、バリアフリーの改装費、三〇〇万円の捻出《ねんしゅつ》がむずかしい。この金額を初期投資として、自治体が無償供与、もしくは無利子貸与するようなしくみがあれば、市民主導型の福祉事業はどんなに発展するだろうか。

介護保険は各地にカリスマ職員と呼ばれる創意工夫にあふれた自治体公務員を生み出してきたが、大津市職員の福井英夫もその一人であった。大津市では、保険外の高齢者支援市民活動に対して、年間一〇〇万円までを三ヵ年を限度に助成する「おおつげんきくらぶ」という事業を行ったが、これを思いついて実現にまでこぎつけたのは福井の尽力である。ともすれば、ばらまき行政と言われがちな助成金事業に、透明性と公平性を確保するために、第三者機関として市の社会福祉協議会に事業申請の選考をゆだね、査定評価を行うことにした。こういう前例のない事業を行うための秘訣は、前例のない意思決定のプロセスを踏むこと、てっとり早く言えば、自治体首長の決断がものを言う。

首都圏の自治体で、福祉先進地域として知られる武蔵野市では、全国に先駆けて福祉公社を設立してきた。武蔵野市には、テンミリオンハウス事業という、大津市と類似した市民活動助成事業がある。テンミリオンは、一〇〇万の一〇倍、すなわち一〇〇〇万である。公募した高齢者福祉関連事業に対し、年間一〇〇〇万円を限度として助成金を支出している。この事業の画期的なところは、その一〇〇〇万円にスタッフの人件費を含めてよいことである。福祉事業はボランティアで、という考え方はもはや成り立たない。地域で必要とされる意味のある事業を責任をもって担う担い手に対しては、それ相応の報酬を支払う、という考え方があって初めて、市民の事業体は経営的に成り立つようになる。

3　政府・企業・NPOの役割分担と競合

介護保険には、NPOや組合法人のような非営利の団体が参入している。これを市民事業体ともいう。官でもなく、民でもない、市民みずからが担う非営利民間事業体だからである。日本ではＮＰＯといえば、ＮＰＯ法にいう法人格を取得したものに限られているが、ＮＰＯはもともと nonprofit organization（非営利組織）の略称にすぎない。ＮＰＯのなかには、運動体やボランティア団体のように持ち出しで運営しているところもあるが、公益を掲げて事業を行っている事業体も多い。人と情報だけを動かす運動体なら任意団体でもやっていけるが、モノとカネを動かす事業体となると、法人格を持つほうが何かと有利だからである。うらがえせば、現在の制約と負担ばかり多くてメリットの少ないＮＰＯ法のもとでは、事業体としてでもなければ、ＮＰＯ法人格取得の効果があまり得られないということでもある。

以上の官、民、協のサービスのうち、官のサービスは旧国鉄や旧道路公団の例を取るまでもなく効率が悪いことが知られている。

先に述べた東京大学の社会学研究室とグリーンコープ連合福祉ワーカーズ・コレクティブとの共同研究の結果では、一時間あたりのケアサービスの提供にかかる経営コストを時間で計算すると、平均二〇〇％という数値が出た。つまり、一時間のサービス提供に対して、経営や研修や会議などの見えない労働がもう一時間かかることがわかった。ある民間企業の内部情報によれば、ヘルパーの人件費に対する経営コストの試算結果は約三〇〇％、これに対して首都圏のある自治体における社会福祉協議会のサービス供給コストは七〇〇〜八〇〇%という数値が出ている。官セクターの効率の悪さは明らかであろう。また民間企業にくらべても、宣伝コストをかけずにすみ、営利を考慮に入れない非営利市民事業体の効率は十分に立証されている。

政府は民活こと民間活力の利用、具体的には市場における福祉サービス産業の育成を奨励してきた。介護保険や支援費制度のスタート以来、民間企業の福祉サービス提供は急速に拡まったが、営利企業の巨大な資本力をもって一気に全国展開するなどのメリットがある一方で、利用者が少なくて採算のとれない地域には、進出しないなどの限界がある。

NPOのような市民事業体は財政的に脆弱《ぜいじゃく》で、サービスの継続性に不安があるとか、担い手がボランティア感覚で無責任なケースもある、というような声を聞く。しかし、介護保険と支援費制度の施行によって、福祉NPOの経営基盤は大幅に変わった。介護保険と支援費制度の指定事業所に参入したNPOは、他のNPOにくらべていちじるしく財政的に安定し、NPO業界では、福祉NPOはほんものの(つまり、どこからも援助を受けられない)NPOではない、という声さえあるという。

福祉NPOは、この不況期に利用高を大きく伸ばし、成長産業部門となっているばかりか、財政規模も数百万円規模から五〇〇〇万、一億、二億、時には五億と桁違いに大きくなってきている。二〇〇三年当時、全国の自立生活センター一二五ヵ所の年間予想総売り上げは五九億に達している。そのぶん、よい人材が集まり、強力な事務局体制が組めるようになってきた。

ＮＰＯはその公益性の保証のために、財政の公開や、利益を上げないことなどの制約を受けている。仮にＮＰＯが収益を上げた場合、ＮＰＯのよいところは、その後の収益金の使い方にある。

たとえば日常的に介助が必要な重度の障害の利用者が多い自立生活センターでは、夜間休日の緊急待機職員態勢の構築が、もっとも優先度の高い課題である。深夜にベッドから転落したとか失禁したという緊急呼び出しに、これまでは職員が出動していたが、どうしても職員が過剰勤務になるので早急に対処しなければならない事態にあった。ヒューマンケア協会を含めて先駆的なセンターは、以前より持ち出しを覚悟で、これらに対応する緊急支援態勢を組んできた。それに収益金をあてることができる。

現在、全国自立生活センター協議会では、収益がでたら、一般の事業所が大変だからとしりごみする知的障害者や精神障害者のホームヘルプサービスに乗り出すように薦《すす》めている。

ＮＰＯも事業体であるからには、利益をあげれば納税の義務がある。だが、税金を払うよりは、むしろ必要性が高く、営利事業が手を出したがらない事業分野につぎつぎと先行投資していくことが、非営利団体の役割であろう。市場原理の社会では、収益性の高いことがはっきりした事業には、放っておいても資本力をバックにした民間企業がどんどん進出する。市民が担い手となる非営利事業体の役割とは、営利企業が手を出さないとわかっている収益性の低い事業を、あえて役割分担することにあろう。

将来的には官の提供するサービス部門が縮小し、NPOのサービスが企業と肩を並べるほどに成長し、企業にとってもNPOの先駆的な取り組みが学ぶべき目標となり、企業のサービスが改善されることもあるだろう。逆に、NPOが企業の能率的な経営に学んで、ムダを省いて、そのぶん職員が、ほんらいやるべき仕事ができるようになったりという、競合のメリットも今後出てくるだろう。当事者ニーズにもっとも近いところにいて、効率ではなく必要性を優先して事業を行うNPOには、営利企業と半歩違いの競争を、創意工夫を重ねながら牽引《けんいん》していく運命と使命がある。

4　規制緩和と品質管理

福祉サービスは、これまで措置制度のもとで、社会福祉法人という国や都道府県の認可法人を取ったものだけがサービス提供事業団体として認められ、それ以外の団体は事業から排除されてきた。公的機関が認可した公益法人だから施設のサービスがよかったかというと、そういうことはなく、人権侵害は絶えず発生し、サービスについては施設設置基準の最低レベルに固定された。また最低基準以上によいサービスを提供しても補助金が増えるわけではないので、サービスの向上のために努力する法人はわずかであった。

支援費制度が始まってから、ホームヘルプサービス事業所の門戸は大きく拡がった。NPO法人格を取得し、一定の基準を満たしていれば誰でも事業者になれるようになった。市町村にホームヘルパー派遣事業者が不足している場合、国の基準を満たしていない事業者を市町村が認可する基準該当居宅介護事業者でも法人格を必要としない。介護保険も同様に、個人や任意団体でもかまわない。

障害当事者が自分の介助者を職員とすれば、個人事業所も可能である。これはとてもよいことである。このようにして障害当事者が自分の受けている介助をベースに、他の人のニーズに対して介助サービスの提供ができるようになれば、大きな社会貢献ができることになる。利用者でありながら、サービス提供事業者にもなれるのである。

ここでも当事者が担い手となるサービス提供のメリットを指摘できる。自分が満足できないサービスを他人にまわせば、問題が起こることを、当事者はいちばんよく知っている。当事者による事業所は、品質保証を身をもってしているとも言えるのではないか。「自分が使いたいサービスを提供したい」――その意味で、当事者を担い手とする市民事業体のサービス提供は、何よりの品質保証になる。

5　雇用関係

自立生活センターの介助者は、障害者に対して被雇用者の立場に立つ。当事者と介助者をめぐるこの力関係は、重要な意味をもっている。

自立生活センターができる前には、ホームヘルプサービスは一日一〇時間必要でも一時間しか支給されなかったから、ボランティアに頼る以外になかった。障害者は地域で暮らそうとすると卑屈にならざるを得なかった。介助してもらうたびに「すみません。ごめんなさい」と言いつづけることにうんざりしていた。

中西が大学三年生のときに交通事故で障害者になって考えたことは、「今後一生介助を受けなければ生活できない。哀れみの福祉は受けたくない。どうすれば能率と効率を重んじる資本主義社会のなかにあって、もっとも劣等な労働力として位置づけられる障害者が、介助を受けながら、非障害者とのあいだで対等な人間関係をもてるだろうか」という問いであった。

考え出した答えは、「ボランティアに頼ることはやめて、有料の介助者を使うことにしよう。資本主義社会の論理を逆手にとって、障害者が雇用主になって、介助者の雇用と解雇権をもつ。そこで初めて、毎回遅刻してくるボランティア気分の介助者に、障害者自身の口から苦情を言うことができる。そうすることで、社会から無視されることなく、対等な人間関係のなかで、責任のある介助が権利として得られる道が開かれる」というものであった。

自立生活センターでは介助者を雇用する障害者に対して、雇用主の義務として、被雇用者の労働条件、労働環境の整備、介助者への研修、報酬の支払い、管理・助言などを、自立生活プログラムのなかで研修してもらっている。障害者はサービスのたんなるユーザーであるだけでなく、サービスワーカーの雇用主としても、ノウハウとスキルを身につける必要があるからである。労働の対価についても、世間並みの生活をできる給与を設定している。とくに週三〇時間以上三ヵ月以上継続して働いてくれる介助者には、介助で生計が立てられるように、固定給で世間並みよりかなり高めの給料を支払い、かつ社会保険完全整備で安定した生活を保障している。

6　ダイレクト・ペイメント方式

支援費制度は原理的には国が主体であり、対象が障害当事者で、介助料を支援費として本人に支給するというものである。つまり政府が障害当事者に支援費を渡し、障害者が介助者に報酬を支払うというダイレクト・ペイメント(直接支給)方式であり、これは障害者運動がずっと求めてきたものである。

しかし政府は「代理受領」という名のもとに、事業者が支援費を当事者本人に代わって受領するシステムに、これを変えてしまった。したがって介助者は、直接の利用者本人からではなく、事業者から報酬を受け取る。

自立生活センターは、支援費制度のもとの事業所であるが、ダイレクト・ペイメント方式を奨励している。介助者の報酬を当事者の手から直接介助者に渡せるように、事業所の会計から出た報酬の袋をいったん利用者の手を介して介助者に届けてもらい、領収書を取ってもらうこともする。支援費制度の代理受領方式では、事業所を通すのが原則になっており、自分で介助者に直接払う場合は「償還払い」といって、後で支払った額だけが戻ってくるしくみになっている。この面倒な事務をきらって、償還払い方式をとる人はほとんどいないのが現状である。

社会福祉事業法の附則には、バウチャー方式について今後考える余地を残している。現金に代えて、いつでも換金することのできるバウチャー方式であれば、制度の改正をすることなく実施可能であることは、東京都身体障害者ケアサービス体制整備検討委員会での調査でも確認済みである。支援費制度のもとでも介助時間に相当するバウチャーが本人に支給されれば、介助を利用する障害当事者は介助者の直接的な雇用主になれる。介助者にバウチャーを直接手渡すことで、自分が求める介助についての主導権をとることができる。

なぜ私たちは、利用者と介助者とのあいだの直接のカネのやりとりを重要視するのか？福祉サービスの提供者のあいだでは、カネに対する拒否感がつよい。助け合い型のサービスのやりとりにおいては、時間貯蓄制度や地域通貨の利用が提唱されてきた。カネが何でもモノをいう市場経済の世界から背を向ける意味でも、ボランティアの理念を守るためにも、「カネで買えない」価値を大切にするという意図からであったが、この種の試みの多くは、小規模にとどまるか、挫折に終わっている。

というのも昔の結《ゆい》や講《こう》のように、ひとめぐりするのに一世代かかるような閉鎖的で安定した共同体のなかの助け合いとはちがい、流動性のはげしい現代では、長期にわたる互助のバランスシートを保つことがむずかしいからである。移動の大きい現代人のために、地域通貨どうしの交換制度も登場したが、サービスの需要と供給のマッチングや、一方的な出超や入超など、サービスの直接交換による債権債務関係の決済には、さまざまな困難がともなう。

とりわけボランティアから出発したサービスの提供側には、カネに対する根づよい反発がある。だが、実際には、「カネで買えないサービス」は、しばしばとうていカネを受け取れそうにもない質の悪いサービスの別名だったり、劣悪な労働条件をやりがいと引きかえに正当化する言い訳だったりする。カネをもらわないからといって無責任でクォリティの低いサービスであっていいはずはないし、また報酬が十分でない分を、利用者からの感謝で補うのもおかしい。

カネに対するこのような反感は、根拠のないものである。カネを使うからといって、ただちに市場経済にまきこまれるわけではない。貨幣には、交換、尺度、貯蔵、支払いの四つの機能があるが、このうち支払い機能は、交換や贈与によって生じた債務を、決済する機能のことである。カネの歴史は、市場経済より古い。カネを生んだ人類の知恵は、捨てるのではなく生かしてよい。

介護保険のサービス価格は、公定価格であり、市場の需給メカニズムによって変動しない。それを貨幣で支払うのは、たったいま受けたサービスという贈与をカネで決済することによって、債権・債務関係をいま・ここで解消するというしくみである。貨幣のやりとりによって、サービスの受け手は相手に無用な負い目を感じなくてすむし、サービスの担い手は将来のバランスシートを心配しなくてもよい。

介護保険および支援費制度における支払いの理念は、当事者が受けたサービスを、カネで決済するというものである。カネの出所は税金や保険料だから、市民一人ひとりのふところから出ているはずだが、措置のようなやりかたでは、利用者本人をとばして自治体から直接、報酬が事業者に支払われていたから、事業者にとって顔を向けるべき「お客様」は、自治体であって利用者ではなかった。それが介護保険になって、利用権方式になり、利用者の主体性と契約が重視されるようになった。だが、実際にカネが移動するのは、自治体の保険財政と事業者とのあいだであって、利用者と事業者とのあいだではない。ましてや利用者とヘルパーとのあいだではない。

これを直接利用者が介助者に手渡すようにするのが、先述のダイレクト・ペイメント方式である。事実、この方式を採用した北欧、カナダ、イギリスの諸国では、自治体がカネのやりとりを仲介した場合にくらべ、介助者の利用者に対する敬意と仕事に対するやりがいが増した、という報告がある。あたりまえのことだが、サービスの提供者は、自分に直接報酬を支払ってくれる雇用主のほうを向く。当事者の自己決定をあくまで尊重する当事者主権の支援費制度は、こういう手法を採用することで、初めて生きてくるだろう。

7　ケアワーカーの労働条件

利用者がサービスをカネで買う。それは当事者と介助者との関係を、消費者／事業者、雇用主／被雇用者の関係に変える。とりわけ、ダイレクト・ペイメント方式は、それまでの恩恵としての福祉のなかにあった介助する人／される人の力関係を逆転する効果をもっている。

こんなふうに言えば、高齢者や障害者が横暴な雇い主になることを奨励するかのように受けとる人もいるかもしれない。だが、考えてみてほしい。高齢者や障害者は、自立生活を送るために、他人の介助を不可欠とする、絶対的な弱者の立場にいる。もし介助者との関係が悪くなれば、ただちにサービスの質にはねかえり、自分自身が被害を受ける。

依存的な立場にいるサービスの受益者は、サービスの提供者に対して、かならず弱い立場にいる。カネによる決済とは、それを対等のバランスシートにもどすためのしかけであり、障害者が一方的に優位に立つことではない。また、カネでサービスを買うということは、障害者と介助者の個人的な関係に左右されがちなサービスのクォリティを、標準化するためのしくみでもある。

だが、他方で介護・介助の現場にいるワーカーにとっては、「私を使用人扱いしないでほしい」という不満が聞かれる。とくに身体介護ではなく生活援助の場合など、「家政婦扱いしないで」という声がある。家政婦だからといって差別されていいわけはないが、サービスを受けてカネを支払う相手を誰でも見下すとは限らない。医師や看護師に対してはそうしないのだから、「家政婦」、「使用人」という言い方のなかには、「誰にでもできる」、「低賃金の労働」に従事している人への差別視がある。

介護保険でヘルパーの雇用機会が大量に生まれ、多くの中高年の女性が仕事についた。家でやればタダ働きだったものが、外でやれば報酬をともなう労働にはなったが、その賃金は生計を維持できないほどに安く、「ホームヘルパーは社会の嫁か？」という声が聞かれるようになった。「家の嫁から社会の嫁へ」という名言は、「高齢社会をよくする女性の会」前代表の樋口恵子の造語である。結局、家の内でも外でも、女は最低の条件で目に見えない下働きをさせられているにすぎないのではないか、という疑問が生まれた。

ホームヘルパーはなぜ低賃金か？　理由ははっきりしている。第一に、これまで女が家族のなかでタダで供給してきたから。第二に、女なら誰でもできる非熟練労働と見なされたから。

第三に、無業の主婦のあいだから、無尽蔵の労働力の供給源があると考えられたから。

だが、この三つの理由は三つともまちがっている。第一に女の労働はタダではなく、不当に報酬の支払われない労働だった。第二に、男の介護者がしばしば生活援助では役に立たないように、生活援助は誰にでもできる労働ではない。第三に、労働力の供給はもはや無尽蔵ではない。ケアサービスの労働力は、早晩不足することが予想されている。

もしケアの労働力不足が近い将来起きるとすれば、それは現在の慢性的な看護師不足と同じく、「作られた問題」だと言えるだろう。

現場での仕事の負担と責任の重さにくらべて、過酷な勤務条件と、にもかかわらず相対的に低い賃金と社会的地位という組み合わせでは、仮に有資格者が十分に供給されていても、彼ら・彼女らは労働市場で活性化しない。この問題を解決するには、以下の方法しかない。先にあげた条件の逆をやればよい。労働条件の改善と、賃金の上昇、社会的地位の向上の三点セットが実現されれば、労働力不足は起きないだろう。過酷な勤務条件は変わらないとしても、現に医師の志願者は減少していないのだから、賃金が高ければ供給は減らない。それだけでなく社会的地位は、しばしば経済的評価と連動している。

したがってヘルパーの社会的地位をあげるには、まず賃金の水準を上げればよい。サービスの提供者が高い報酬を得ているところでは、誰もその人を見下すことはできない。障害者の自立生活を維持し、高齢者の生命と健康を守る仕事にしては、現在のヘルパーの雇用条件は低すぎるが、それというのも、介護保険が生活援助の報酬を低く設定しているからである。その理由は、生活援助が、専門性をもたない非熟練労働と見なされているからだ。ケアの専門性については、7章で述べたい。

ヘルパーの人手不足を、福祉先進国が採用してきた常套《じょうとう》手段、すなわち外国人労働者の導入によって「解決」する方向もある。現状の低い労働条件を変えないまま、外国人労働者の導入を図れば、彼らの人権が保障されないだけでなく、福祉サービスの労働市場における価格破壊が起きかねない。そのしわよせを最終的に受けるのは、サービスの利用者であろう。

誰もが認めるように、訪問ヘルパーは高齢者や障害者の在宅生活を支える要《かなめ》である。そのためには訪問ヘルパーの賃金の向上と、社会保険や雇用保険などの整備が必要であろう。ヘルパーが自信と誇りをもって働ける労働条件を確保しなければ、利用者の利益もまた保障されないだろう。

6章　当事者が地域を変える

当事者は変わる。当事者が変われば、周囲が変わる。家族や地域が変わる。変えられる。地域が変われば、地域と当事者との関係が変わる。当事者運動は、自分たちだけでなく、社会を変える力をもっている。

1　福祉の客体から主体へ、さらに主権者へ

自立生活運動が行った大きなパラダイム転換のひとつに、福祉サービスの従来の対象者、つまりサービスの受け手が、サービスの提供者、担い手に変わるという、劇的な主客の転換がある。福祉の客体から福祉の主体への転換と言いかえてもよい。ただし、利用者主体のサービス、などというかけ声は、いまどきどんなサービス業者でも言いそうなことばであり、そこにはどこまでも「お客様」意識がのぞく。私たちが一歩ふみこんだ「当事者主権」という用語を使う所以《ゆえん》である。

福祉の当事者は、これまで弱者や病者として、庇護《ひご》や哀れみの対象であったからこそ、行政や善意の団体から、恩恵や慈善としての福祉サービスを受けてきた。そのような恩恵的な福祉サービスに対して、当事者の側から「ＮＯ」と明確に打ち出したのが自立生活運動であった。

福祉において、善意や慈善というものはときには危険である。なぜなら、当事者に代わって第三者が、当事者にとって何がいちばんよいかを判断するからだ。善意から、彼ら彼女らはこう言う――「障害者が地域で暮らすことは困難だ。とくに重度の知的な障害をもつお子さんをかかえるご家族にとって、そのご負担は大変なものがある。ですから施設を早急に建てましょう」。

しかし、地域の福祉サービスの貧困さを棚上げしたうえで、親の大変さを持ち出すのは詭弁《きべん》ではないだろうか。地域社会でともに生活している人々なら、まず地域社会での不利な処遇や差別をなくすようにつとめるのが先決だ。この地域で生きていかなければならないとしたら、自分たちの生きている地域を、自分たちが生きやすいように変えていくしかない。

地域に十分な介助サービスや周辺のサービスを整備すれば、施設に頼らなくても、重度障害者が生まれ育った地域で暮らせることは実証ずみである。地域で暮らしても、多くの子どもは一定の年齢になれば、親とは別の暮らしをもつことを望むだろう。非障害者がふつうに望み、かつ可能な暮らしを、適切な福祉サービスさえあれば、障害者もいくらでも実現することができる。

2　家族介護という「常識」?

障害者が地域で暮らすために、親の負担が当然とされるというのは、これまでの行政の誤った前提であった。民法は親の子に対する扶養義務を規定しているが、これは七〇歳の親が五〇歳の子どもの扶養をするような事態を、想定していない。早急に民法改正をして、子が成人したら親の扶養義務はないとすべきだろう。

ちなみに民法八七七条にいう親族の扶養義務は、親から子への生活保持義務と、子から親への生活扶助義務とにわけられる。親は子に対しては生活を犠牲にしても扶養の義務があるが、子は親に対して生活を犠牲にしてまで面倒をみる必要はない。子世代のなかには、親の介護を負担に感じている人は多い。福祉先進諸国で、高齢者介護の社会化について合意が形成しやすいのは、子世代が親の扶養義務から解放されたがっていることと無関係ではない。

他方、親の子に対する扶養義務は、これまで家族愛の名のもとで神聖視されてきた。まして や障害児を生んだら、それは生んだ親の責任であり、どんな犠牲を払っても子のために生きるのが親のつとめと思われてきた。通常、その親は当然のように女親とされ、母親は仕事も遊びもあきらめて障害をもった子のために一生をささげ、そのうえ、「この子をおいては死ねない」

とばかりに、道連れ心中にまで至る場合があった。

だが、家族愛の美名のもとに隠されているのは、障害者とその親との利害は、かならずしも一致しない、という事実である。

親は子どもを監視と管理のもとにおいておきたいかもしれないが、子どもは親の目から解放されたい。親は障害をもった子どもを世間の目にさらしたくないかもしれないが、子どもは自由にはばたきたい。ふつうの親子ならあたりまえの親離れ・子離れが、障害者の家族に限っては、奨励されずにきた。それは障害者の自立援助という社会的な課題を、家族に背負わせ家族に封じこめることで、障害者の自立を阻んできた。家族に責任を転嫁することで、行政はみずからの責任にほおかむりしてきたのである。

3　施設主義からの解放

施設建設の口実に親を持ち出すのは、サービス整備の遅れた自治体のよく使う手である。施設主義は親が子どもから解放されることを望んでいるという心理を衝《つ》き、さらにハコもの行政で土建業界を潤わせ、自治体官僚の天下り先を作るためには適切な手段だった。はっきり言おう、施設は負担にあえぐ親と怠慢な行政のために作られたものであり、当事者のために作られたものではない。当事者ニーズからいえば、施設に子どもを入れたい親はいても、施設で暮らしつづけたい障害者はいない。

長いあいだ、障害者の福祉行政は、この施設主義によって運営されてきた。そこには、障害をもった人々を施設に隔離することで――たいがいの施設は、市街地から遠い距離にある――「くさいものにフタ」をする意識がある。また、非障害者の市民も、障害者を目に触れないようにすることで、あたかも地域に障害者がいないかのようにふるまってきた。そうやって行政も市民も、現状を変える努力を怠ってきた。

この善意と慈善の言葉に包まれて施設に送りこまれた障害者を待っていたのは、規則づくめの生活と、たえまのない辱《はずかし》め、そして無力感と低い自己評価に悩まされる希望のない一生であった。施設で無為の一生を送っている障害者の無念さを思うとき、早急に施設の運営を当事者に譲り、その運営委員の意向を受けて、地域のサービス整備をしたうえで、施設解体と地域居住を進めるべきであろう。

この施設主義は現在、深刻な反省にさらされている。スウェーデンやデンマークのような福祉先進国では、すでに施設主義への反省にもとづいて、障害者を地域へ、という脱施設志向が進んでいる。スウェーデンやアメリカの例にならえば、施設主義を転換して五年間で脱施設を達成することも可能である。不要になった施設の職員は地域に職場を移し、さらに地域に新たな雇用も生み出せる。ハコもの行政ではない福祉街づくり、村おこしには、すでに各地で実績がある。

4　精神障害者の医療からの解放

障害者運動のなかで当事者主権を主張するにあたっては、知的障害者、精神障害者についてどう考えるのかは、これまでずっとネックだった。当事者主権の基礎である、自己決定能力がないと見なされてきたからである。

身体障害者は、身体に不自由があるほかは、知的能力や自己決定能力がふつうにあると考えられるが、知的障害者、精神障害者にとっては、自己決定能力そのものが疑われてきた。したがって知的障害者、精神障害者にとっては、自己決定の代行者がつねに存在し、医療の介入も強かった。精神障害者の場合には、当事者の意思に反して、親族や行政の決定による強制入院すら行われてきた。二〇〇三年に成立した「心神喪失等の状態で重大な他害行為を行った者の医療及び観察等に関する法律」(いわゆる医療観察法)によれば、医師の判断で「予防拘禁」すら可能になった。二〇二〇年、日本では精神科病院に二八・八万人も入院させられている(二〇二四年、厚労省)。人口一〇〇〇人あたりの精神科病床数は、アメリカ〇・三床、ドイツ一・三床、フランス〇・八床、イギリス〇・四床に対して、日本は二・六床もあり、他の先進諸国と比べてはるかに多い(二〇二一年、日本医師会)。また精神科病床の平均在院日数も約二七〇日と非常に長い(二〇二二年、厚労省)。

このところ効果のある向精神薬が多種出まわったことで、医師も患者も、薬物に依存的になる傾向がある。なかには薬を処方してもらうために、医師の期待する患者像を演じる例さえあるという。患者の処遇や治療方針を決める医師の専門家権力は、精神障害のほうが、身体障害よりはるかに強い。その精神障害者のあいだでも、専門家支配を脱して、当事者主権を追求する動きが起きてきた。

アルコール依存者の自助グループのように、安全な空間における言いっ放し、聞きっ放しのルールを採用することで、当事者が自信や自尊心をとり戻す動きである。妄想や幻覚を、抑制する代わりに表現することを通じて、精神障害者の豊かな内面世界も明らかにされてきた。精神障害者の当事者性を尊重する実践が、北海道浦河《うらかわ》の「べてるの家」で始まったが、これについては8章で触れよう。

5　脱医療と介助者の役割

精神障害者もヒューマンケア協会の介助サービスの対象者だが、自立生活センターでは、精神障害者が介助の依頼に来ても自分から話さなければ、障害の内容や薬の服用の有無や種類を聞くことはしない。自立生活センターの役割は、依頼された生活への支援をすることであって、医者の代わりを求められているわけではない。医療の世界への依存から脱却して、地域で生きたいと思って来ている利用者に、そのスティグマに触れるようなことをしてしまっては、自己選択し、自己決定する自立生活を阻害することになる。

精神障害者の人たちの医療に対する不信には大きなものがある。二八年間も病院に閉じこめられていたために社会生活に適応できず、苦労を強いられていた人は、なぜもっと早く社会復帰させてくれなかったのかとつぶやく。医療における専門家支配は抑圧的である。

中西の場合も、中途障害を得たあと、職能リハビリセンターから大学に復学したいという希望にもかかわらず、医師の独断で福祉工場に送りこまれた苦い経験がある。治療上の理由と言われれば、それ以上反論してもムダであった。当事者の意向を尊重して、どうすればそのニーズに沿えるように支援できるかと考えるのが専門家の役割であろう。

専門家が要らないというわけではない。専門知識と経験にもとづいて当事者が知らない情報を提供し、インフォームド・コンセントを十分にして、当事者が不安をもたず納得できるように説明責任を果たすべきだろう。

6　医療領域の限定

CBR（Community Based Rehabilitation　地域に根ざしたリハビリテーション）と言われる、途上国で使われる手法がある。これは農村部など医療の手が届かないところに整形外科医、理学療法士、作業療法士、医療ソーシャルワーカーなどがチームを作って巡回訪問したり、キーステーションになる町で村の人たちに障害者へのリハビリテーションと支援方法を指導して継続的な支援を図ろうとするものである。WHO（World Health Organization　世界保健機関）が一九七九年より進めてきたものであるが、あまりうまくいっていない。そこで障害当事者をチームに入れてみようということで、参加型アプローチが提唱されている。

歴史的に見ると、もともと地域には障害者を支えるコミュニティが存在しており、昔は障害者もコミュニティの人たちに支えられて暮らしていた。ところが都市化と核家族化が進み、コミュニティが崩壊してくると、障害者を専用に収容する施設が作られるようになってくる。施設では包括的に障害者の生活を支援できるものがおらず、理学療法士、作業療法士などが障害者の機能を分断して治療にあたる。施設という限定された世界で培われた技術は、そのなかでは有効であっても、必ずしもコミュニティでそのままのかたちで役立つとは限らない。ＣＢＲがうまくいかないのも、そこに原因があるように思える。

自立生活センターはトイレや入浴の仕方から、住宅改造、精神的支援、体験的支援、介助サービス、移動外出サービスなど、総合的に障害者の支援ができるシステムをもっている。

今後の地域支援は、専門家のチームでなく当事者団体が中心になってやっていくほうが効果的であることは、ＣＢＲや自立生活センターの経験によっても実証されてきた。医療の専門家が不要だというわけではない。専門家は、あくまで当事者の依頼を受けて専門的スキルを提供する立場に立ち、これまでの支援の主体の地位を退いて、当事者主体の支援に変えていくべきだろう。

7　サービス利用者とサービス供給者は循環する

中西が代表を務めるヒューマンケア協会は、首都圏郊外、人口約五二万（二〇〇三年当時）の八王子市に位置し、一九八六年の設立以来、のべ三〇〇〇名の障害者を利用者として組織するとともに、利用者に対してサービスを提供してきた。サービス提供者としては七〇〇名の介助者を雇用し、年間一二万時間の介助サービスを四〇〇名の利用者に対して提供している。障害者のトイレや入浴を手伝った介助経験者の数は、二〇〇三年までの一七年間で七〇〇〇名にのぼっている。「福祉は体で覚えるものだ」とよく言われるが、たしかに七〇〇〇名の介助者が町のなかにいればコミュニティも変わってくる。

パン屋さんに入っても、手が不自由だということに気づけば、「おつりを小銭入れに入れましょうか」と声をかけてくれたりする。JRも私鉄もエレベーターが設置された。駅に行くと、今までは介助者のほうに声をかけてきた駅員が、車いすに乗った障害者のほうに声をかけてくるようになった。介助者は障害者の依頼にもとづいて付き添っているだけで、障害者が電車賃を支払っている当事者であることが駅員にもようやくわかってきたのだろうか。

二〇〇三年、中西が、「どうして私のほうに声をかけたのか」と駅員に聞いてみると、「教育を受けていますから」との答えが返ってきた。車いすはラッシュアワーには乗らないでくれと言われた一〇年前とは隔世《かくせい》の感があると感じた。地域に密着したヒューマンケア協会というひとつの自立生活センターが、八王子市という地域を変えた。

時間はかかるが、その気になれば、あなたの町を変えることも夢ではない。

7章　当事者の専門性と資格

私たちは専門家権力に反対してきた。だが、専門性はほんとうに不必要なものだろうか？　専門性は、資格とどんな関係にあるのだろう。資格は専門性の保証になるのだろうか？　私たちが主張してきたのは、当事者こそが、自分自身についてもっともよく知っている、という当事者の専門性であった。専門性と資格をまったく排除するのではなく、当事者主権にふさわしい新しい専門性のあり方と、当事者団体によるその品質管理について論じてみたい。

1　ヘルパーに資格は必要か

介護保険、支援費制度のどちらにおいても、何らかのヘルパー資格をもたなくては介助に入ることはできない。はたしてヘルパーに資格制度は必要なのだろうか。資格と能力とのあいだに何の相関関係もないことは、サービス利用の当事者が日々経験していることである。個別の対応を迫られる現場では、資格があろうがなかろうが、どちらもたんに初心者であって、当事者ニーズを伝えながら最初から介助の仕方を学んでもらわなくてはならない新人という意味では、同等である。資格をもっていると、かえって専門家ぶられて対等な関係が作りづらいと訴える利用者もいる。

介助を利用する当事者の視点から言えば、資格は関係がない。なぜなら、介助者にしてもらう仕事は、トイレ、入浴、家事、移動など日常生活であらゆる人々が日々行っていることであり、基本的な生活能力があれば誰にでもできる反面、逆に介護理論を学んだからといってすぐにできるというものでもない。基本的な生活能力と言っても経験と学習から身につくものであり、また複数の利用者を相手にするときには、ニーズを汲み取る高いコミュニケーション能力が求められる。

車いすの押し方や、視覚障害のガイドヘルパーなどについては、教室の勉強では学ぶことができないので、実際の現場で障害者本人や介助者の先輩から実践的に学ぶほかない。障害者の介助は個別性が高いので、脳性まひ障害者の一般的徴候を学んでも、どちらの手から洋服を着せればよいかは、本人に聞かなければわからない。現場では、一般論は何の役にも立たない。

また訪問介護員(ホームヘルパー)、介護福祉士などの資格をもっていても、ボランティアや家族には許された痰の吸引行為が有償のヘルパーには許されないなど、資格制度の矛盾が明らかになっている。その後二〇一二年には喀痰吸引研修を受ければ「認定特定行為業務従事者」としてヘルパーにも医療行為の一部が可能になったが、研修費用が自前であるばかりか、資格をとっても賃金は上がらず、責任と負担のみが増える結果になった。

障害者団体が、支援費制度への転換のなかで、資格制度を容認したのは、みずから望んでしたことではなかった。国庫補助金を受けている介助サービスを使う限りは、その税金が何の資格もない人々の手に渡ることに行政の了解が得られなかったからである。

現行の資格制度に問題があることは、当事者なら誰でも感じている。資格が能力を保証しない一方で、能力と経験のある介助者を、無資格だというだけで排除しなければならないからである。

問題は、能力を、「国家試験」で判定できるとする考え方にあるのではないだろうか。もし、能力の判定を当事者が行うことができるとするならば、無資格の介助者に対しても、利用者の認証だけで資格を認定するようなしくみが作れるはずであろう。ここでも当事者主権の重要性を感じる。

2　ピアカウンセラーの専門性

障害者が自立生活をしようとするとき、もっとも困難を感じるのは精神的な不安である。

ピアカウンセラーはピアカウンセリングにより、障害当事者が一人で生きていく力のあることを、自分の経験をとおして伝えていくことができる。リハビリの専門家の支援とは異なった、当事者ならではの重みをもっている。同じ障害をもち、一生同じ地域で暮らしていく仲間としてのピアサポートは、非障害者の介助者や専門家が、いつ自分のつごうで逃げ出すかわからない不安を与えるのにくらべて、比類《ひるい》のない支えになる。利用者がどういうサービスを求めているか、身をもって知っている障害当事者が介助サービスの担い手になることは、何にもまして重要なのである。

だが、私たちはやみくもに資格制度に反対しているわけではない。当事者をおきざりにして、国家が代行する新たな権威主義、パターナリスティックな専門性に反対している。サービスの最低限度の標準化と、利用者の判定の基準のために、資格が必要なことは、有効な場合もある。

全国自立生活センター協議会では、ピアカウンセラーを次のように資格認定してきた。まず全国自立生活センター協議会の主催する八〇時間の研修を終了すること。そして一年間の自立生活経験をもって、同協議会の認定委員会でピアカウンセラーと認定される。このような当事者主導の民間の資格制度をもつことによって、行政に束縛されることなく、独自なピアカウンセリング業態を守ってきた(二〇二四年現在、この認定制度は廃止されている)。

もちろんそのためには、自立生活センターのような民間の当事者団体が、一定の社会的な評価と実績を積んできていることが前提である。資格は当事者が認定する。それを官にではなく、民に任せよ、というのが、私たちの主張である。

3 資格認定と品質管理――フェミニストカウンセリングの場合

民間による資格認定が先行しているのが、臨床心理士資格である。神戸のA少年の事件が世間をゆるがして以来、スクールカウンセラーの設置が普及するなど、カウンセリングの需要はいっきょに拡がった。そのマーケットの拡大を受けて、日本心理臨床学会が主導し、関連団体が共同して日本臨床心理士資格認定協会を設立して独自に認定資格としたのが、臨床心理士資格である。この資格をもっていると、スクールカウンセラーや自治体の相談員などの職を得やすいというので、このところ人気が高い。

臨床心理士は民間主導の資格制度だが、次の点で私たちの考える資格認定とは異なっている。第一に、この制度が最終的に国家資格化をめざしているということである。私たちは国家による権威づけと、それにともなう統制など求めていない。第二に、この制度が、大学院修士資格を前提とするという学歴主義と結びついていることである。

その後、心理学界は悲願を果たし、二〇一五年の公認心理師法の成立を以て「公認心理師」を国家資格化することに成功した。公認心理師になるためには四年制大学の専門分野で所定の単位を収めた後、国家試験に合格しなければならない。少子化のもとで大学の心理学専攻はにわかに賑わい、二〇一七年の施行以来、公認心理師の有資格者は短期間に急増し、二〇二四年には七万人を越した。だが有資格者が就ける職務としてのスクールカウンセラーや相談員などは非常勤が多く、それだけでは生計を維持できない高学歴女性向けの非正規職にとどまっている。

学歴も資格のひとつだが、資格と能力が必ずしも結びついていないことは、学歴についても久しく言われてきた。学校制度とさらなる高学歴化に結びついた資格制度は、学校の権威を高め、少子化で悩む大学業界に消費者を増やすだけに終わる。

当事者による民間の資格認定という点では、フェミニストカウンセリングの経験が、参考になるだろう。フェミニストカウンセリングは、七〇年代の女性運動のCR（Consciousness Raising 意識覚醒《かくせい》）から始まった。互いに悩みをかかえた女たちの自助グループの活動であった点で、障害者のピアカウンセリングと似ている。そのなかで、ファシリテーター（グループディスカッションを活性化させる役割）とか、アサーティブトレーニング（自己主張の訓練）のトレーナー、カウンセラーなどが育っていった。

フェミニストセラピーは七〇年代のアメリカで成立。日本へは河野貴代美が一九八〇年に紹介してフェミニストカウンセリングと改称、独自のメソッドを確立した。それ以降、彼女とその仲間たちの精力的な活動のおかげで、各地にフェミニストカウンセラー養成講座ができ、受講生が巣立っていった。当初は自分自身の心の悩みを解決したいと思う女性たちが受講したが、そのなかから自分の経験を生かして、同じような悩みをもつ他の女性たちの援助者になりたいと思う人たちが育っていった。だが、当初はあくまでボランティアで、職業に結びつくとは、多くの人は考えていなかった。

八〇年代に各地の自治体がつぎつぎに地域の女性センターをオープンするなかで、相談窓口の開設が課題となり、その相談事業の担い手として、フェミニストカウンセラーへの需要が増えた。そのポストに最初に就いたのが、女性センターが主催するフェミニストカウンセリング講座の修了生たちである。

自治体の女性センターは女性就労の縮図と言われるとおり、相談事業の担当者も、非常勤や嘱託など、雇用条件の悪いポストにとどまっていた。それでも、女性の自助グループから育った活動が仕事になり、雇用が生まれるとは誰も考えていなかったから、これは大きなステップアップではあった。

だが、自治体の雇用は不安定で、かつ役人の干渉や介入がきびしい。他に競合相手のいないマーケットの創成期には、担当者の思いや人脈で、女性センターが育てた人材が優先される傾向があったが、自治体の非常勤職は契約更新の打ち止めがあったり、担当者の交替があったりして、雇用保障がない。他方で社会全体にカウンセリングへのニーズが高まり、臨床心理士資格の制度化が進むと、学歴に裏づけられた資格に対抗し、雇用を守るために、フェミニストカウンセリングの専門性と、提供するサービスの品質管理に対するニーズが生まれてきた。あらゆる業界がそうであるように、臨床心理学の世界でも男性中心の傾向があり、たとえ臨床心理士の資格をもっていても、フェミニストの視点をもっているとはとうてい言えなかったからである。

一九九三年に発足した日本フェミニストカウンセリング研究連絡会（略称フェミカン研）は、二〇〇一年に日本フェミニストカウンセリング学会と名称を変え、「フェミニストカウンセラー」の名称を商標登録して、資格認定を開始した。「フェミニストカウンセラー」の資格を取得するには、日本フェミニストカウンセリング学会が毎年主催する二泊三日二〇時間にわたる講座を三回以上、または学会以外のフェミニストカウンセリング講座を四〇時間以上受講することが認定の条件となっている。

フェミニストカウンセラーの資格は、まったく民間の団体が認定した資格であり、名称は独占しているが業務独占はない。同じような仕事を他の人が行うことを排除していないし、また別の団体が別の資格を認定することもありうる。

カウンセラー資格の制度化が進行しつつある今日、国家資格化を射程に入れた臨床心理士にフェミニストカウンセラーが対抗することは容易ではない。このままでは、公認の有資格者に無資格者がとってかわられるだろう。

だが、専門化の過程で、何がフェミニズムか、という当事者の視点も追いやられていくかもしれない。それならいっそ、これが私たちの考えるフェミニストカウンセリングだと積極的に提示し、みずからサービスの品質管理を行うほうがよい、という選択が、学会認定資格の「フェミニストカウンセラー」である。この選択にあたっては、上野が学会誌『フェミニストカウンセリング研究』創刊号(新水社、二〇〇二年)に「フェミニストカウンセリングのよりよい制度化に向けて」を書いて、方針を提案した経緯がある。

経験と実績のある民間の団体が、公共的な目的のために自発的にサービスの品質管理を行い、複数の団体が競合して、そのあいだで当事者の選択による市場淘汰《とうた》が行われることがのぞましい。当事者に選択権があれば、国家資格などいらない。そうなれば、当事者ニーズにいちばん近いところにいる当事者団体が、市場のなかで生き残っていけることが期待できる。

ただし、女性センターの相談業務の雇用をめぐる、もっとも深刻な隠された問題は、相談員を選ぶのが、一人ひとりのクライアント(相談者本人)ではなく、財団や行政であることである。したがって当事者にとってもっとものぞましい人材ではなく、自治体や公務員にとってもっとつごうのいい人材が採用される可能性が高い。

相談とは、問題をかかえた女性市民がみずから窓口に出向いてくれる、自治体と市民との生きたインターフェースの現場である。そこにおいて「自治体につごうのいい人材」とは、当事者の「問題」を波打ち際でブロックし、不満を地域全体の問題に拡大しないような処理のできる人材である。つまり、相談員が守るのは利用者の利益ではなく、直接の雇用主の利益となること、つまり役人の自己保身や地域のことなかれ主義に陥ってしまうことになる。

同じような問題は、次に述べるケアマネジャーについても言えるだろう。

4　ケアマネジメントか、ケアコンサルタントか

介護保険はケアマネジャーという、都道府県認定をともなう新しい専門職種を成立させた。ケアマネジャーの役割をめぐっては、障害者団体のあいだに根づよい反対がある。

政府が介護保険をスタートさせることを決定し、老人保健福祉審議会で議論が始まったこと

を知り、遠からず障害者がこのなかに組み込まれると予想した自立生活センターでは、九〇年代なかばから先にこの制度をスタートさせたドイツと、コミュニティケア法のなかでケアマネジメントを取り入れたイギリスに、どんな事態が起こっているかを、中西を中心として見に行くことにした。

ドイツの障害者は介護保険になって、高齢者と同等のレベルに介助時間を減らされた。保険制度のもとでは限度額のサービスしか得られないのだから、障害者のニーズには応えられない。日本の障害者は絶対に介護保険に入るべきではないと、ドイツの障害者は断言した。

イギリスでは、ケアマネジメントをしている障害者から話を聞いた。ケアマネジャーをしている仲間のなかには、行政が利用額の上限を決めてくるので利用者との板挟《いたばさ》みになり、つらくなって自殺をする人が出たり、よいケースワーカーだった人が、こんな仕事はやりたくないと言って辞めていくということだった。

日本の介護保険では、要介護度によってサービス限度額が決定されてしまう。ケアマネジャーは、その限界のあるサービス量の範囲内でサービスメニューを作ることが業務となっており、本来のケアマネジャーの業務である、十分な選択肢のあるサービスのなかから当事者ニーズに即したサービスをカスタマイズするための支援をするということとは、ほど遠い仕事の内容となっている。

障害者のサービスにおいては、当事者の障害程度ではなく当事者のニーズに対して必要なサービス量が提供されるべきであり、それによって初めて当事者の人生の自由な選択肢が与えられることになる。

はたしてケアマネジャーという制度は、必要なのであろうか。もともとサービスメニューは限られているし、この組み合わせパズルは誰にでも解ける。障害者のあいだでは、これまでも本人か周辺の家族や介助者が相談してケアプランを作ってきた現状がある。つまりケアマネジャーがいなくても障害者は困らない。自立生活センターの二〇〇〇年の調査では、九二％の在宅障害者が介助内容を自分で決定することを希望している。

また、介護保険のケアマネジメント業務の問題点は、ケアプラン申請業務の複雑さのために実質的にセルフマネジドケアが阻まれていることである。些細《ささい》な時間変更ひとつするのにもケアマネジャーを通さなくてはできないため、頻繁に介護時間の変更を行いたい場合には、ケアマネジャーとのあいだの対立が避けられないという事態も現実に起こっている。

できるならば、このような制度ではなく、1章で述べた市町村障害者生活支援事業などの地域支援サービス組織のなかに福祉サービスの情報提供ができるケアコンサルタントが多数いて、当事者のユーザーとしての能力を高めてくれるようなシステムがのぞましい。

高齢者のケアマネジメントにおいては、自由な選択が許されているとはいっても在宅サービスメニューは貧弱であり、訪問介護、デイサービス、ショートステイなど限られたメニューから選択せざるをえない。高齢者が歌舞伎や観劇に行きたいというようなニーズを出しても、介護保険は受け入れる余地はない。デイサービスに通っている高齢者は、本当にニーズがそこにあるのか、それとも家族のニーズを優先して、デイサービスに出かける選択をやむをえずしているのか、きちんと調査をして究明していくべきだろう。高齢者も、障害者と同じような移動や外出の機会を求めており、社会参加をしてみずからを高めていきたいという欲求があるはずだ。

一九九七年に厚生省(当時)で障害者ケアマネジメント体制整備検討委員会(以下、検討委員会)が開かれると、中西はその委員となって会議に参加した。厚生省は高齢者のケアマネジメントと同じ内容の原案を作ってきて、これをたたき台としたいと提案してきた。それでは議論する余地がないということで、自立生活センターなどの反対により、検討委員会は一年間休会となった。

翌年、自立生活センターの案と、それにかなり近い厚生省改正案とが横並びの検討案となり、検討委員会が再開されることとなった。この委員会の冒頭で障害者のケアマネジメントは、介護保険には組み入れないとの意思表示が厚生省より出たので、介助時間の上限設定はせず、当事者のニーズにもとづいて、障害者手帳の等級によらずに支給決定をすることなどが決まっていった。

委員会が始まったころには、全国自立生活センター協議会とDPI日本会議は独自の調査にもとづいて、つぎのような提起をした。

多くの障害者はケアマネジャーを必要としない。利用者の自己決定能力を高めるために、情報提供と経験にもとづいたアドバイスを与えるケアコンサルタントを必要としている人がいるだけで、その役割は、国の制度にある市町村障害者生活支援事業のうちでピアカウンセラーが十分果たしている。そこを強化するだけで、新たなケアマネジャー制度はいらない。

このような提起に対して、厚生省は大多数の障害者はケアマネジャーが必要な保護の対象であるという認識だった。それに対して、四年間の検討委員会の過程で、つぎつぎに現場のビビッドなデータを出していったので、政府にも地域の障害者の現実がわかってきた。その結果、テーブルで考えていたことと現実との乖離《かいり》に気づき、二〇〇二年の検討委員会が終了するころには、自立生活センターが主張したとおり、大多数の障害者はセルフマネジドケアができるようになるということに、同意が得られるようになってきた。

5　ケアマネジャーの専門性と身分保障

介護保険制度においても、ケアマネジャーの利用は必須ではない。利用者にセルフマネジドケアの能力があれば、ケアマネジャー抜きで、自分自身でサービスの内容を決定できる。したがって、障害者の運動に学ぶべきは、介護保険の利用者もまた障害者と同様にサービスの消費者としての能力を高めていくことである。そのためにケアマネジャーは、できる限り自分のもっている情報や経験を本人に移転し、最終的には、ケアマネジャーのいらない利用者を育てることこそ、ケアマネジャーの仕事となるべきだろう。また供給側への交渉能力を高めるために、ユーザーユニオンを結成していくことも必要であろう。その点では、日本の高齢者は決定的にたちおくれている。

介護保険におけるケアマネジャー制度は、制度設計の理念上は、よくできた制度であったと上野は考えている。この点では、上野と中西のあいだには、見解のちがいがある。もちろん私たちは、専門家による代行よりは、当事者による自己決定能力の向上のほうをめざすが、介護保険という複雑なしくみを使いこなすために、制度上の手続きと利用可能な介護資源をよく知っているケアマネジャーが、利用者とサービス提供事業者とをつなぐ役割をすることは、日本の介護保険制度がお手本としたドイツの制度にもない、よく考えられたしくみであった。ケアマネジメントの利用者負担が無料で、一〇〇％公的負担であることもよかった。

だが制度と運用とのあいだに著しいギャップがあることを、ケアマネジャーのケースほど示したものはない。

第一に、歴史的にまったく経験のない新しい制度に乗り出すにあたって、利用者だけでなくケアマネジャーもすべて経験がなく、実績もともなわなかった。ケアマネジャーについては、資格と能力が関連しないことを現場のヘルパーたちはよく知っていた。介護の現場では、介護保険前からのヘルパーのほうが経験を積んでおり、彼女たちは「ケアマネジャーが信用できないから、監視についていく」とまで言ったものである。

第二に、制度開始にあたって人数を確保するために、いささか粗製濫造《らんぞう》というべき「大量生産」が行われてしまった。これはケアマネジャー資格の国家試験の合格率が、年次を追って低下傾向にあることからも推測される。

第三に、ケアマネジャーに事業者所属を認めたために、制度が求める中立性が保障されなくなった。この最後の問題は、制度設計上の欠陥と言ってよい。複数のサービス提供事業者のうち、もっとも当事者ニーズにかなったサービスの組み合わせを実現するために、ケアマネジャーには事業者からの中立性が求められる。だが事業者所属を認めれば、自分が所属する事業者に、利用を誘導することは目に見えている。このような傾向がかんたんに予想できるにもかかわらず、介護保険法が事業者所属を認めたのは、当初の一件あたり六五〇〇円から八四〇〇円のあいだ(スタート当時)のケアマネジャー報酬では、独立した事業が営めないことを前提にした現状の弥縫《びほう》策といえた。

政府が初期に予想したケアマネジャー一人あたり利用者五〇件(これならおよそ月間三〇万円程度の報酬を確保できる)という数字は、実現不可能であることが、ただちに明らかになった。当事者ニーズに即した良心的なケアマネジメントをやろうとすれば、何度にもわたる訪問や面接を重ねる必要がある。そうなれば一人あたり二〇件が限度だと言われている。二〇二一年の改定でケアプラン作成料は要介護1、2で一万八六〇〇円、3以上で一万四一一〇円とややアップしたが、基準は三五件、上限四五件の担当は不可能に近い。

ケアマネジャーの志望者は減っており、また合格率も一〇―二〇%前後ときびしい。結果としてケアマネジャーの供給は減少しており、現場では高齢化と人手不足が起きている。ケアマネジャーは病院への送迎や親族との関係調整から、預金通帳や実印の預かりに至るまで介護保険の谷間を埋めるような雑多な業務を利用者とその家族から託されており、現場では悲鳴が上がっている。そのためにケアマネジャーは、ますます人気のない職種になりつつある。

ケアマネジャーに独立性を保障するには、ふたつの方法がある。ひとつは公務員化することだが、行政改革の流れのなかでは、これは現実的でないばかりか、行政の走狗になる可能性があることはすでに述べた。もうひとつは報酬単価をあげて、弁護士や公認会計士なみの独立自営が可能になるようにすることである。

二〇〇三年の介護報酬第一回改定で、四種類以上の複合的なサービスを利用する場合には、ケアマネジャーの報酬が上がったが、それだけでなく利用額に応じた歩合や、インセンティブをともなう報酬体系を作るべきであろう。何より、ケアマネジャーの質をあげて、利用者がケアマネジャーの存在を認知し、評価するようにならなければ、ケアマネジャーの存在理由はない。

6　成年後見制度と全人格的マネジメントの危険性

だが、こういう議論に対して、つねに返ってくるのは、セルフマネジドケアができる自己決定能力のある人はいいが、そうでない人はどうなるのか、という反論である。障害者の場合は、知的障害者のケースがつねに問題とされる。高齢者の場合は、とりわけ認知症の高齢者が問題になる。認知症の有病率は六五歳以上全体で約一二・三%、九〇歳を超えると五〇%以上(二〇二二年、厚労省)と加齢にともなって上昇する。高齢化が人々に恐怖を与えるのは、身体的な能力が失われるからだけではなく、自己決定能力が失われることにある。

現行の介護保険が認知症に対応しきれていないことは、すでに発足時から指摘されてきた。要介護認定においては、身体的な日常生活動作(ADL)に比重が置かれ、認知症の高齢者の要介護度が相対的に低く出る傾向がある。だが、実際の介護現場では、妄想や徘徊など、認知症の高齢者の介護は、場合によっては寝たきりの高齢者より負担が重いことさえある。

現在、認知症の高齢者にとって自己決定を代行しているのは、家族である。だが、これまでも何度もくりかえしてきたように、当事者と家族との利害は必ずしも一致しない。そこで登場するのが、成年後見制度である。成年後見制度には任意と法定とがあるが、前者は、自己決定能力を失ったときのためにあらかじめ信頼できる第三者(親族でなくてもよい)を指定しておき、自己決定を代行してもらう制度である。

現場のヘルパーやケアマネジャーのなかには、利用者の信頼をえて、預金通帳や実印の保管を依頼される人もある。親族がいても親族よりも信頼され、また身寄りがいないお年寄りの場合は親族のように信頼された証《あかし》として、介護者にとってはうれしいことには違いない。だが、こういう信頼が悪用されることもあるし、また現場のヘルパーは、責任の範囲を超えた当事者からの要請にとまどっている。これらの多くは対価を伴わないシャドウワークでもある。

こういうときに、成年後見制度があれば、またその受け皿となるＮＰＯのような公益団体があれば、と願う人々もいる。ケアマネジャーが最終的にはそういう役割を果たすのがよい、と使命感を持つ人もいる。

だが、これではケアに限定されたマネジメントが、その人の生命、健康、財産、死後に至るまでの全人格的マネジメントになってしまう危険性がないだろうか。ひとりの専門家に自分のすべてを委ねる全人格的マネジメントは、究極の代行主義である。

当事者主権の立場は、この考え方を採らない。むしろ介護場面に限定されたケアマネジメント、医療や健康に関するマネジメント、心のマネジメント、法律のマネジメント、財産のマネジメント……と、さまざまな領域の専門性をもった複数の専門家が、ひとりの当事者に関与して、互いに干渉し監視しあって協力関係を作りあげていく集団的なケースマネジメントができたほうがよい。ひとりの専門家権力を、複数の専門家権力で相殺し、弱体化していく戦略である。そしてそのチームケアを、当事者団体が監視するしくみを作ればよい。そうでもしなければば、代行権力や専門家支配を排することはできないだろう。

7　新しい専門性の定義に向けて

当事者にとってのいちばんの専門家は、当事者自身だということを述べてきた。それなら専門家は不要だろうか。また高齢者や障害者の自立生活を支援する介助は、誰にでもできる非熟練労働だろうか？

介護保険のなかでは、家事援助（二〇〇三年の見直し後は生活援助）は、誰にでもできると見なされて低い価格に抑えられた。だが、介護現場では、身体介護はマニュアル化できるが、生活援助のマニュアル化はむずかしいと言われてきた。勤務場所が利用者の自宅であり、利用者が長年にわたってつちかってきた暮らしの流儀に合わせて、ニーズに応えなければならないからである。また洗濯機を回しながら、お湯を沸かし、同時に大根も刻むような生活援助は、排泄介助をするような身体介護の仕事より、はるかに労働の密度も濃く、疲れ方も違うと現場のヘルパーは訴えてきた。

介護の現場では、生活援助と身体介護とのあいだに境界を引くことはむずかしい。そのため介護保険見直しにあたっては、料金体系の一本化がさまざまな団体から要求として出されたが、結果は折衷《せっちゅう》型を廃して身体介護と生活援助の二本立てとなり、格差はやや縮小されて生活援助の報酬が上がった。だが、生活援助の報酬が身体介護にくらべて安くてよい、という合理的根拠はどこにもない。

資格と能力に何の関係もないことは述べてきたが、だからといって介護や介助、そして育児のような、一般にケアと呼ばれる労働に専門性がないとは、私たちは考えない。当事者主権の時代には、それにふさわしい専門性のあり方がある。

主として経験と学習からヘルパーは専門性を身につけていくが、この専門性の核心にあるのは、当事者ニーズを理解するコミュニケーション能力である。そしてそのコミュニケーション能力は、必ずしも言語的な能力に限らない。

これまでの医療の専門教育では、知識の伝達は行われたが、コミュニケーション能力が重視されてきたことはなかった。最近になってようやく臨床現場でのコミュニケーション能力が医師や看護師にも問われるようになった。臓器や身体のパーツだけ見て、患者と人格的に接触しない専門家に対して、医療の消費者の目はしだいにきびしくなってきている。

当事者には当事者の数だけ、異なったニーズがある。どのようなニーズにも対応できる柔軟さや、相手のニーズを読みとる力、そして対人関係の適切な距離のとり方や、無理な要求や不当な処遇へのきっぱりした対応など、人間関係の基本とも言うべき力量がケアワーカーには必要とされる。そしてその能力は、学習によって伝達され、経験によって訓練されることが可能である。

理想的な介護・介助に対して、しばしば「家族のような」という形容詞が賛辞として捧げられることがあるが、専門性のある介護・介助とは、決して「家族のような」ケアにとってかわるものでもないし、それを理想とするものでもないことは、とくに強調しておく必要があるだろう。むしろ、家族にはできない、場合によっては家族よりもよいケアを提供することこそ、ケアの専門家の役割であろう。

8章　当事者学のススメ

前章までで、自立生活運動を中心に、当事者主権の確立の歩みを、歴史を追って見てきた。この間の社会の変化を見ると、隔世の感がある。そのなかから、当事者の知を発信する自前の学問も生まれた。これを当事者学と名づけよう。これまでの学知、専門知に対抗する当事者学の多様な動きを紹介したい。

1　女性運動と女性学

当事者運動は七〇年代からさまざまな社会的弱者をまきこんで、多様な展開を遂げてきたが、なかでも女性運動の果たした役割は大きい。第二波フェミニズムと呼ばれ六〇年代の終わりに成立した女性運動は、それ以前の対抗文化運動や「新しい社会運動」の波のなかから生まれたが、それ以前の女性運動とのもっとも大きい違いは、弱者救済運動ではなく、当事者の自己解放運動だったことである。

ウーマン・リブを嚆矢《こうし》とする第二波フェミニズムの主たる担い手は、中産階級の女性たちだったが、この人たちは、結婚し出産し、女の人生の「上がり」を経験していて、夫や他人から、「いったい何に不満があるんだ」と言われていた人たちだった。これに「名前のない問題」と名前をつけたのが、ベティ・フリーダンの『女らしさの神話』(一九六三年、邦訳『新しい女性の創造』を新訳改題した新版が二〇二四年に岩波書店から刊行されている)である。幸せのはずなのに幸せに思えないのは、自分が悪いのではない、女の自己実現をはばむ世の中がまちがっている、と「問題」を一八〇度パラダイム転換したのが、第二波フェミニズムだった。「女性問題」は、これ以降、女が抱える女だけの問題ではなく、女が問う社会全体の問題へとシフトしたのである。

これにともなって生まれたのが、女性学である。七〇年代にアメリカから日本へ紹介され、井上輝子によって「女性学」と訳され「女の・女による・女のための学問」と定義されたWomen's studiesは、何よりも「女の視点に立つ」ということを最優先にした。

これまでも女について女ならぬ男たちがあれこれうんちくを傾ける「女性論」はあったが、学問の世界では、女はもっぱら研究の客体だった。なにしろ学問の世界には女の居場所はなかったのである。女が研究の客体から主体へと転換することが、女性学がもっともめざすところであり、そのためには女性の経験の言語化の必要性が強調された。誰でも女でありさえすれば、女性学の担い手になる資格があると考えられた。ここにあるのは、当事者が当事者についていちばんよく知っている、という当事者主権の立場であり、また私が何者かは私が決める、他の誰にも決めさせない、とする強烈な自己定義権の主張だった。

女が自分の経験を言語化して女性学を作ると、ただちにそんなものは学問ではない、主観的で、学問に必要な中立性・客観性を欠いている、と非難が寄せられた。それに対して、これまでの学問も男のつごうに合わせた主観的な学問であり、中立性・客観性の名でその偏向が隠蔽《いんぺい》されてきたにすぎない、と女たちは反論した。「中立性・客観性」とは、学問を学問らしく見せるためのルールに対して与えられた名前であり、それに従わなければ学問とは認められなかった。女性学は、学問の世界にそのルールに忠実であることを表明して新たに迎え入れられた新入会員などではない。それどころか、このルールそのものが偏っていると批判して、学問の世界に殴りこみをかけた無法者であった。

一九七七年に東京で原ひろ子、岩男寿美子らを中心に国際女性学会が開催された。同年、京都で日本女性学研究会が生まれ、同じころ、関東でも井上輝子ら社会学者を中心に女性学研究会がスタート。女性学は民間学として、大学の外で誕生した。

中産階級の女の当事者学として始まった女性学は、問題がないと思われていた主婦という「暗黒大陸」を発見し、性役割や不払い労働など、つぎつぎに新しい理論的な貢献を生みだしていった。そしてそのなかで、さらにレズビアンのような性的マイノリティやフィリピーナなどの国内のエスニック・マイノリティが、また被差別部落や在日韓国・朝鮮人のなかの女性、先住民女性や障害女性などが、当事者として声をあげる土壌を作っていったのである。

女性学を当事者学の原型だといえば、驚く人もいるかもしれない。人口の半分が当事者であることを奪われてきたとは、にわかに信じがたいだろうからである。だが、女性学が登場するまでの女性論とは、女とはこういうものだ、女とはこうあってほしい、女はこうあるべきだ、という男につごうのよい言説に満ちあふれていた。「女は謎だ」と言われても、女にとって自分自身が謎だということはおかしい。社会の主導権を握っている男からあてがわれた指定席に、おとなしく納まっている限りは男のおこぼれにあずかれる点で、女も障害者と変わらなかったのである。

女性運動と障害者運動には、おどろくほどの共通性がある。男が作ったこの社会の標準に自分を合わせて、男並みの「一人前」になることをめざす代わりに、女が女のままでどこが悪い、と社会のルールの変更のほうを、要求してきたからである。

一九七五年の「国連女性の十年」から、女性政策は政府によって「国策」となり、制度化がすすんできた。そのなかには、男女雇用機会均等法のように、かならずしも当事者の要求に沿わないものも含まれた。また九九年に成立した男女共同参画社会基本法や各地の条例制定に見るように、ジェンダーの主流化、すなわちジェンダーの問題が女だけにかかわる問題ではなく、社会のしくみすべてにかかわる問題であるという合意が形成された。今日では達成した成果のゆえにバックラッシュを受けているところも、障害者運動の現在と似ている。

女性運動は、草創期を過ぎて制度化の第二段階にはいっており、制度化を達成したからこそ生まれた新たな問題に直面している。当事者側からの要求が、受け容れると見せて政府や自治体によってつぎつぎに換骨奪胎《かんこつだったい》されていったいきさつをふりかえれば、国策に一歩先んじて政策提言していく力量と実践力には、障害者運動に学ぶべき点が多い。

2　性的少数者とレズビアン／ゲイ・スタディーズ

女性学について述べた文のうちで、「女」を、任意の社会的弱者に置き換えてみれば、当事者研究はいたるところで成り立つことがわかる。

女性学の成立にともなって、男性の自己解放のための学問、男性学が生まれた。またジェンダーの問題化と軌《き》を一にして、セクシュアリティを問う当事者学、レズビアン／ゲイ・スタディーズも生まれた。誰もがあたりまえだと思っている異性愛秩序から見たときに、初めて同性愛は「異端」になる。同性愛のアクティビズムは、たんに性的少数者の権利要求だけではなく、世の中に重力のようにはびこっている「強制異性愛」（アドリエンヌ・リッチ）の抑圧を解体する動きだった。そしてレズビアン／ゲイ・スタディーズは、女性運動にとっての女性学とおなじく、運動のための理論的武器として生まれた「闘う学問」だった。

3　患者学の登場

患者学ということばは、朝日新聞の元論説委員、大熊由紀子が、一九九四年に朝日ホールで第一回の患者学シンポジウムを開催することで拡まった。その後、患者学シンポジウムは回を重ね、いまではこのことばはひとり立ちをしている。患者学は他の分野にも波及して、地域歯科医療の現場に、歯科医の岡田弥生や歯科衛生士の和田美登里によってもちこまれた。さらに、自身がんの経験者である柳原和子によって、『がん患者学』（晶文社、二〇〇〇年）という本も書かれるようになった。ノンフィクションライターの柳田邦男が『元気が出る患者学』（新潮社、二〇〇三年）を刊行、社会学者の鶴見和子も、上田敏との対談を『患者学のすすめ』（藤原書店、二〇〇三年）と題している。

柳原は、自身ががん告知を受けたがん患者。鶴見は脳梗塞の後遺症で半身まひが残り、リハビリテーション医師の上田の指導でリハビリテーションを受けている当事者である。ふたりとも病気を治すのは医師ではなく私、医療の主人公は患者で、医師は脇役にすぎないと考えている。『患者学のすすめ』のなかでも、上田が、患者の自己決定権の重要性をくりかえし訴えている。

だが、患者が医師のパターナリズムに対抗するのはむずかしい。というのも医師は知識と経験を積んだキャリアだが、患者は誰でも自分の人生で病気を初体験している初心者だという、圧倒的な情報の非対称性があるからである。しかも患者は互いに孤立し、他の患者の情報を知らない。他方、医師は制度に権威を守られ、組織の力を背景にしている。医学という体系的な知もある。とうてい患者ひとりの力ではたちうちできない。だからこそ、当事者のあいだで、経験と情報を伝えあい、専門家が及ばないような行き届いた配慮をもとに助け合おうとして誕生したのが、患者学である。最近では、当事者だけが登録してアクセスできるようなインターネットのフォーラムもでき、プライバシーを守りながら親身の相談に応じるような情報交換の場も生まれている。

こういう患者学が医学を変えた歴史的な経験に、乳がん患者の運動がある。乳がん患者は、アメリカでは成人女性の三人に一人、日本でも食生活の変化を反映して、急速に数が増えているという。乳がん患者はほとんどが女性。八〇年代までは、もう子どもも産まないことだし、予防のためにとっておきましょうと、乳房全摘という手術に加え、脇の下のリンパ腺までえぐるようなおおがかりな手術が一般的だった。失われた乳房への痛みや、不必要な摘出からくる後遺症などに、医師は頓着しなかった。それより、部分切除や乳房の温存療法を望めば、「命が惜しくないのですか」と、逆に医師から叱責すら受けた。インフォームド・コンセントが拡がるなかでも、患者が女性であることは、医師の権威主義を強めることになった。

アメリカでは八〇年代後半に患者団体が設立され、精力的なキャンペーンを行ったおかげで温存療法が普及し、五年生存率や再発率でも全摘手術と温存療法とのあいだに差がないことが証明された。この経過は、彼女自身乳がん患者であった松井真知子の『アメリカで乳がんと生きる』(朝日新聞社、二〇〇〇年)に詳しい。フェミニズムが乳がん治療を変えた、のである。日本では慶応義塾大学の医師、近藤誠の職を賭した異議申し立てによって乳がん治療の常識はようやく変わったが、それも患者当事者の支持があったからこそであろう。

日本でも患者の当事者団体、あけぼの会やイデアフォーなどの団体が、手術後の下着や、抗がん剤治療による脱毛への対策などの情報を提供している。また手術痕を恥じて温泉へ入ることをためらう患者のために、「1、2、3で温泉に入る会」を、自身乳がんの経験者である俵萠子が主宰した。

看護師の秋山正子らによって、がんとともに生きる人に居場所を提供する日本版「マギーズセンター」こと「マギーズ東京」も設立された。がん患者の苦悩によりそう「がん哲学外来」も、がん専門医の樋野興夫によって創設され、各地に拡がっている。

こういう当事者の自助グループがあれば、がん告知はずっとしやすいことを、指摘する医師は多い。多くの医師はカラダの専門家であっても、ココロの専門家ではない。告知を受けた患者の感じる不安や焦燥、明日からの仕事や生活、家族や友人との人間関係などの悩みに応えてくれるのは、同じような思いを味わった当事者だからこそである。

障害者運動のなかではノウハウが蓄積されているが、患者学のなかではまだまだである。インターネットを検索すれば、ALS(筋萎縮性側索硬化症)や子宮内膜症など、さまざまな病気の当事者グループに出会う。病気と死は、誰にとっても初体験だ。それに直面した者だけが味わう経験を言語化し、他の人に伝えることは、当事者の責務だろう。

4　自助グループの経験

当事者の自助グループによる治療が、専門家による治療よりはるかに効果的であることに気づいていたのは、アルコール依存症や摂食障害などの嗜癖《しへき》関係の専門家だった。彼らは、専門家の無力を自覚し、わからないことは当事者に聞け、を合いことばに「無知の知」を標榜した。そのなかでもアルコール依存症患者の自助グループ、AA(Alcoholic Anonymous)が有名である。アルコール依存症には、しばしば暴力がともなっている。依存症者の妻はドメスティック・バイオレンスの被害者であることが多いが、自分を被害者と認知することが少ない。配偶者の忍従と献身が、夫のアルコール依存を継続させるという関係が、イネーブラー(enabler 嗜癖を可能にする人)という概念で明らかにされ、妻も共依存という名の当事者のひとりであることがわかってきた。アルコール依存症の本人だけでなく、アルコール依存症の家族の会のような自助グループも各地に存在している。

やがて臨床家たちは、アルコール依存症の患者の家庭で育つ子どもたちが、成人してのちも名状しがたい生きがたさをかかえることに気づくようになった。これがACことアダルトチルドレン(Adult Children of Alcoholics)である。家族のなかのたえまないストレス、家庭が危険な場所であるという緊張状態、母親が暴力の被害を受けつづけるのを目撃することからくるトラウマ(心の傷)などにさらされた子どもたちが、強い抑うつ感や自己評価の低さに悩まされることがわかった。その後、ACという用語は、精神科医の斎藤学や心理カウンセラーの信田さよ子の紹介で、「現在の自分の生きがたさが、親との関係に起因する」と判断した人々が、自己申告する概念として、ひろく定着した。

その後、トラウマ性の精神病理をかかえた人々、たとえばレイプの被害者、児童性虐待サバイバー、事故や天災、戦争やテロなどで家族を失った人々、配偶者に死別した人……などを自助グループに組織する動きが拡大してきた。そこでは主人公は当事者であり、専門家は伴走者、文字どおり「共にいる人」以上でも以下でもない。

人は自己定義によって、当事者になれる。と言うよりも、問題を自分で引き受けたとき、人は当事者になる、と言ってよい。当事者とは、周囲から押しつけられるものではない。自己定義によって、自分の問題が何かを見きわめ、自分のニーズをはっきり自覚することによって、人は当事者になる。したがって当事者にな
る、というのは、エンパワメントである。たとえ被害者としての当事者性をひきうける場合でさえ、当事者になることとは本人にとっては無力の証《あかし》ではなく、みずからの主権者になるという能動的な行為なのである。

5　精神障害者の当事者研究

精神障害者は、これまで当事者性そのものを奪われてきた。だが、精神障害者は豊かな自己

表現力を持っている。それについては、「べてるの家」の実践が参考になる。

身体障害者にとって自立生活センターの果たした役割と同じような当事者主権へのパラダイム転換を、精神障害者のあいだで推進してきたのが、北海道浦河《うらかわ》にある、「べてるの家」である。浦河赤十字病院の精神科の入院患者のために、退院後の中間施設として「べてるの家」が、同病院勤務のソーシャルワーカー、向谷地《むかいやち》生良《いくよし》によって設立されたのが一九八四年。そのいきさつは、『べてるの家の「非」援助論』(医学書院、二〇〇二年)に詳しい。人口一万六〇〇〇人(当時)の浦河町で、べてるの家の関係者は一六〇人。地域で約一〇ヵ所のグループホームで生活している。地元の特産品である日高昆布販売を主とした年商は一億円、独自に出版部門も持っていて、自分たちのメッセージを社会に届ける書籍やVTRを制作、販売している。

「べてるの家」は、雑誌『精神看護』(医学書院)にその活動を連載してきたが、そのタイトルは「当事者研究」と名づけられている。私たちの提起する「当事者学」と一脈通じるところがある。

「べてるの家」では「三度の飯よりミーティング」と言われ、当事者が自分たちについて、とことん話し合う。またこの会議のなかで弱さを見せ合うことによって、当事者が他の当事者を支援する態勢を作りあげている。

たとえば、統合失調症の患者が悩まされる幻覚や幻聴は、症状を訴えても医師はとりあってくれず、ただちに薬を与えて抑える対象だった。だが、ここ、「べてるの家」では、その反対に自分の幻覚や幻聴を思うぞんぶん当事者どうしで語り合う。毎年行われる「幻覚&妄想大会」では、ユニークな妄想や幻聴を競い合い、グランプリが授与される。彼ら彼女らは、語り続けているうちに、幻聴を親しみをこめて「幻聴さん」と呼ぶようになり、「幻聴さんがいてくれるおかげで一人でも寂しくない」とか「病気になったおかげで自殺しないですみ、生きていられる」というように障害をマイナスととらえず、自分の生活の一部と考えてつきあっていこうとする姿勢がある。

浦河赤十字病院のケースカンファレンスには、主治医や看護師だけでなく、本人や仲間の患者さんもいっしょになって参加する。薬を出すこともあるが、出さないこともある。どんな薬をどれだけ出すか、精神科の川村敏明医師は、患者本人と相談する。ここでは治療方針は、当事者が決定に参加する。

この当事者による互助は、医療の専門家である医師の処方よりも、治療効果が高いと考えられている。川村がこの方法を学んだのは、彼がアルコール依存症の現場経験をもった医師だったからである。アルコール依存症の患者のあいだには、先に述べたAAという患者の自助グループがあり、医師による処方や入院より、自助グループへの参加のほうが、アルコール依存の治療効果がはるかに高いことが経験的に実証されてきた。同じことは、薬物嗜癖《しへき》や食物嗜癖にも言えることがわかった。

「べてるの家」が生んだアイディアのひとつに、当事者研究がある。これは患者のケースカンファレンスを、当事者とその患者仲間を含めてやってしまおうという、前代未聞の実践から生まれた。通常、医療機関におけるケースカンファレンスは、主治医や看護師、ソーシャルワーカーなどの関係専門家のあいだで、「何が本人にとっていちばんいいか」を、当事者抜きで、代行的に検討し決定する場と見なされてきた。浦河赤十字病院では、この場に本人を入れ、さらに患者仲間を招いて、当事者に的確なアドバイスを与えてもらうという、医療の世界ではおよそ非常識と見なされるような、対等な医師－患者関係を築いてきた。ここにあるのは「医師が勝手に治さない」、「病気のことは医師より患者がいちばんよく知っている」という考え方である。患者どうしの助け合いが医師の治療や投薬より有効だ、という点では、障害者運動のなかで生まれたピアカウンセリングの精神に通じるものがある。

当事者研究は、それから発展して、当事者による問題の分析とそれへの対処法とを、当事者の自助グループのなかで追求する試みである。いつ、どういうとき、なぜ、パニックが起きるのか。そうなったらどう対処したらいいのか。パニックを起こしても受け入れてもらえる人間関係を作れば、パニックは怖くない。医療の専門性より、患者の当事者性のほうが、患者本人にとっては、はるかに助けになっている。心の問題を当事者が自由に語れる環境ができてみると、統合失調症の豊かな妄想や幻聴、発作のメカニズムなどについて、専門家と目される人々がいかに何も知らなかったかが、逆に明かされてくる。当事者こそが、当事者についてもっとも専門家なのだ。

6 不登校学のススメ

言語による自己表現の手段をもたないのは知的障害者や認知症の高齢者ばかりではない。子どもたちは、心身症や暴力、ひきこもりや不登校などの行動でしか自分のニーズを表現することができない。注意深い観察者と信頼のおける大人の対応があれば、彼らの発信するメッセージを読みとることはできるが、たいがいの場合、大人の価値観から逸脱する子どもの言い分は抑圧される。とりわけ不登校の場合には、社会全体を敵にまわすような重圧を子どもは経験することになる。

不登校の子どもたちについては、彼らと同伴する親や教育者たちが子どもの利益を代弁してきた。学校へ行かなくてもいい、オルターナティブ・スクールを作ろうと東京シューレができたのは一九八五年。さらに九九年にはシューレ大学も開校した(二〇二〇年に廃止)。代表だった奥地圭子は、不登校児を子どもにもつ親のひとりである。

だが、子どもたちが大人になって自分の過去の不登校経験を言語化するようになってから、当事者は教育や発達心理の専門家の解釈に異議を唱えるようになってきた。不登校児の親でさえ、自分たちのほんとうの気持ちを代弁してくれるわけではない。私のことは私がいちばんよく知っている。親にも教師にも私の気持ちは代弁できない、させないと、言葉を紡ぎ始めた元不登校の当事者たちが、めざしているのが不登校学である。学校は巨大な制度であり、教師には教育学という体系的な学知がある。だが、それに抗する子どもの言い分は、誰にも聞きとられてこなかった。反学校知としての不登校学が、不登校経験者のなかから誕生すれば、ここでもまた新たな当事者学が生まれることだろう。

ひきこもりの青年たちも自分自身の経験を語って他の当事者に伝える動きがみられるし、「就職しない、結婚しない、出世しない、がんばらない」生き方をめざす「だめ連」のような動きもある。いっぽうで、専門家が自分たちの限界をわきまえて、彼ら当事者の経験や知に学ぼうとする動きも見られる。

おなじように言葉を奪われてきた被虐待児や性暴力サバイバー、摂食障害の経験者のなかから、つぎつぎに専門家の知を超えるような当事者学が生まれることを期待したい。

7　障害学の展開

当事者学のなかでは、障害学が一歩すすんでいる。担い手の層も厚みを増しており、大学のなかにポストを得る研究者も登場した。『障害学への招待』(明石書店、一九九九年)や『障害学の主張』(明石書店、二〇〇二年)の著者の一人で、視覚障害者の石川准は、一九九四年に静岡県立大学の助教授に就任。また、盲ろう障害を持つ福島智が、金沢大学助教授を経て(九六年着任)、二〇〇一年には東京大学先端科学技術研究センター(先端研)の助教授に就いた。

石川は一九九五年に視覚障害者では初めて東京大学の社会学博士号を取得、パソコンが今日のように高度化していない八〇年代から九〇年代の初めに、自分で音声ソフトを開発しながらの勉強だった。石川の例がよいロールモデルとなり、東京大学文学部社会学研究室では、視覚障害をもった大学院生と学部生とが学んできた。

上野も視覚障害の学生をゼミに受け入れたが、過去の経験と実績があるため不安がなかった。またその過程で大学側の支援体制も人・予算・設備ともに充実し、東京大学には、バリアフリー支援室が設けられた。学友たちは有償の朗読サービスやボランティアの介助を行い、視覚障害の仲間に接触するしかたになじんでいる。コンパも合宿も、何の不自由もない。メキシコから下半身まひの車いすの留学生を受け入れたこともあるが、そのときは温泉の好きな上野のために、幹事が車いすで入れる東京近郊の温泉地を探してきた。

ピアカウンセラーの安積遊歩や、劇団態変の金満里、脳性まひの小山内美智子、安積と同じく骨形成不全症で車いす生活の伊是名夏子など、女性障害者からのメッセージの発信も増えてきた。そのなかで性差別や障害者のセクシュアリティも言語化されるようになってきた。非障害者に合わせるのではなく、私は私、ありのままの私として生きたい、と当事者の自己表現が生まれつつある。

これまで周辺におかれ、ことばを奪われ、話しても聞いてもらえず、専門家支配のもとに置かれてきた社会的弱者が、当事者として発言しつつある。当事者学は、専門家の知を超えるだろう。そして私たちの社会が生き延びるために必要な知恵を示してくれるだろう。

9章　（増補）二〇〇三年以降の障害者運動と新たな法制度

二〇〇三年に支援費制度が始まり、それ以降、障害者をとりまく制度や環境は大きな変革期を迎えることとなった。介護保険への吸収・統合の危機が差し迫り、障害者自立支援法が成立し、政権交代を経て障害者総合支援法へ、差別解消法の成立と障害者権利条約の批准、東京オリンピック・パラリンピックでのアクセスの向上。数えればきりがないエポックメイキングとなる事柄があった。その激流のなかで障害者運動も大きなうねりを見せ、大きな役割を担ってきた。

1　支援費制度の破綻と介護保険との統合問題

二〇〇三年に始まった支援費制度は、予定していたかのように初年度から財政破綻を来した。契約制度に移行し、ニーズ爆発が起こったが、何ら財政的な措置をとらぬまま新たな制度を発足させたため、サービスの利用量が急速に増大し、裁量的経費の国庫補助額を上まわる事態を招いた。厚労省担当課は足りなくなった補助金を確保するため、他部署の所管するあまった予算を補塡《ほてん》に回してもらうなど、その対応に追われた。このままでは障害者福祉制度は破綻する、このことに危機感を募らせた厚労省は安定的な障害者福祉制度の財源を模索することになる。

そして時を合わせるかのように、介護保険も法律成立時の附則に施行五年目の見直しが規定されており、二〇〇五年の制度改革に向けての議論が始まったのだ。

「支援費制度の破綻＋介護保険改革＝……」。この課題に対して厚労省が導き出した答えは、障害者福祉制度の介護保険との統合だった。折しも当時は小泉政権全盛、地方分権・三位一体改革が行われていて、厚労省の担当課長(当時)はこのままでは障害者制度は国の制度としてもたない、地方自治体に財源が移管(一般財源化)されてしまう、安定的財源を確保すべきだ、との発言をくりかえし、さまざまな理由をつけて、介護保険との統合を誘導する脅し文句を障害者団体に投げかけていた。

障害者サービスの介護保険への統合の試みは、このときに始まったことではない。介護保険の制度設計が始まった当初も「老障(高齢・障害)統合」と言われ、検討課題の一つにあがっていた。しかし、障害当事者たちはこれを拒否した(この経過と理由については2章に詳しい)。そしてその状況は、介護保険がスタートし、四年が経ったこのときでも変わりはなかった。

障害者サイドの最大の懸念は、サービス水準の引き下げである。それまで強力な当事者運動で、自治体に対してかちとってきたサービス体制は、当時全国で二四時間の介助が得られる水準に整いつつあった。これが介護保険に統合されることにより、介護保険の利用量上限に合わせて下げられてしまう可能性が高かったからだ。

これまでのサービスを確保するために介護保険サービスに加えて、障害独自の「上乗せ横出し」(地方分権の名において、自治体の裁量で利用量上限以上のサービスを提供する「上乗せ」や、介護保険にないメニューを付け加える「横出し」が可能になること)のサービスを使える制度にするとの提案もあった。しかし自治体の財政力などで、すぐに左右されるような不安定なシステムに、とても乗ることはできなかったのだ。ほかにも利用料の本人一割負担、ケアマネジメントや要介護認定制度など、介護保険は施行後四年経った当時でも、地域で自立生活をする障害当事者にはとても受け入れられない代物だった。

二〇〇四年一月、厚労省は「介護制度改革本部」を省内に立ち上げた。表向きは介護保険の施行五年後の見直しに向けてのものだが、その主な検討項目の一番目には「介護保険と障害保健福祉施策の関係」があげられている。障害者サービスを統合し、その代わりに介護保険料を二〇歳から徴収して、介護保険財政を将来にわたり安定的にする。これが本丸だ。

前年の支援費上限に反対することでまとまった障害関係七団体に精神障害者の全国団体を加えた八団体に、同本部内のキャリア官僚との勉強会に参加するようにと、障害保健福祉部長から直々に声がかかった。頻回に勉強会を開催し、厚労省側は一枚岩だった各団体の分断を図り、介護保険への統合賛成へと一団体ずつ懐柔策をぶつけた。当時まだサービスが脆弱《ぜいじゃく》だった知的障害者や精神障害者に対しては、介護保険に入れば全国一律に今よりもずっと充実したサービスが受けられることになる……厚労省は知的障害者や精神障害者の全国親の会にそのような夢物語を語り、介護保険への統合を団体として受け入れるよう説得した。この時点で八団体のなかではっきりと統合反対を掲げたのは、私たちDPI日本会議だけである。

私たち当事者団体は危機感を募らせた。この介護保険統合への大きな流れを何としても阻止しなくてはならない。キャリア官僚を呼んでの公開討論会を開催し、対厚労省、対メディアへと、さまざまな場面と手段で当事者団体は活発に動き、介護保険と障害者施策がいかに違うのか、私たちがなぜ介護保険への統合を拒むのかを発信し、動きを作った(介護保険と支援費制度の違いについては2章参照)。

さらに、より大きな運動を展開するため、DPI日本会議が中心となって呼びかけ、これに呼応した知的障害者の当事者団体であるピープルファーストジャパン、精神障害当事者団体の全国ピアサポートネットワーク、全国公的介護保障要求者組合、全国障害者介護保障協議会が介護保険統合反対を旗印に「障害者の地域生活確立の実現を求める全国大行動」(以下、大行動)を結成した。

二〇〇四年六月九日、日比谷公園と厚生労働省前には一二〇〇人が集まった。この日初めての大行動として介護保険統合に反対する大規模集会、デモ行進、国会の厚生労働委員会への要望書提出、厚労省担当課との交渉が行われたのだ。障害者施策の方向性を打ち出す社会保障審議会障害者部会が六月中に中間報告をとりまとめ、障害者施策と介護保険との関係性をどのように書き込むのか、大詰めのタイミングであった。六月一八日の同部会では、障害者施策と介護保険について統合への賛否の踏み絵をさせる障害八団体へのヒアリングも予定されていた。

デモ隊の列は霞ヶ関をぐるりと一回り、ほぼ取り囲むようなかたちになった。全国から集まった電動・手動車いすの当事者たち、知的障害、精神障害の当事者たちもその輪に加わった。財務省前にも陣取り、参加者は皆、霞ヶ関に響きわたる大きな声で「介護保険統合反対」を叫び、国が障害者の声をしっかりと受け止めるように強く訴え、その歩を進めた。全国から一二〇〇人の障害者・支援者が集ったのは、これまでの当事者運動の歴史を塗り替えるものだった。

障害八団体のヒアリングでは二団体が賛成、二団体が反対、四団体は態度保留とし、社会保障審議会障害者部会の報告書は両論併記となった。介護保険部会の報告書には「一定の結論を得るには至らなかった」と記され、厚労省は介護保険統合への道筋を明確に示すことができなかったのである。これはこれまでにない大規模な反対運動の賜物であった。同時にこれまで全国各地で介護保障の地道な運動を展開し、私たちがそれぞれの地で二四時間の介助制度を構築してきたことにより、介護保険レベルでのサービスではとてもまかなえないサービス利用の実態があってこそ、なし得たことであろう。

2　障害者自立支援法の成立

介護保険との統合問題に対して厚労省は、いったんは引き下がったかのように思われた。しかし支援費制度の財政破綻は、制度が始まってからの二年目も確実な情勢となり、障害者福祉制度の改革は待ったなしの状況に変わりはなかった。厚労省は二の矢を継いでくる。二〇〇四年一〇月に「今後の障害保健福祉施策について(改革のグランドデザイン案)」を発表、翌年二月にはこれを障害者自立支援法として国会に上程した。

障害者自立支援法は介護保険制度を模した制度である。サービス利用に一割の利用者負担を課したこと。これまでの障害者サービスを再編し、国がその費用の二分の一を必ず負担(義務的経費)する介護等給付・訓練等給付と、地方が補助金をもとに行う地域生活支援事業にわけ、国の負担を明確化したこと。市町村が三年ごとの事業計画を策定し、それをもとにサービスを提供していくこと。このように、介護保険との類似点は枚挙に暇《いとま》がない。厚労省は障害者サービスと介護保険との一足飛びの統合はハードルが高いと見て、介護保険に似たしくみを作ることで、統合への地ならしをする手に出た。少なくとも私たちはそうとらえた。必然的に法案への反対運動は高まった。

グランドデザイン案が出された二〇〇四年一〇月、および国会上程の二〇〇五年二月には、それぞれ二〇〇〇名が霞ヶ関や国会周辺に集まり、大規模な集会やデモ活動が行われた。二〇〇五年五月以降、法が成立するまで、国会の厚生労働委員会で法案が審議される日ごとに、多くの当事者が審議を傍聴し、国会前で連続して抗議活動が行われた。

二〇〇五年一〇月三一日、障害者自立支援法が成立、二〇〇六年四月に一部が施行された。結果的に運動で法律の成立を阻止することはできなかったが、一連の大規模な、そして多方面からの抗議活動は、この法律・制度の問題点を多くの人たちに知らしめることとなった。また国会議員や官僚たちにも改めてそのことを再認識させることにつながり、その後の制度変遷に大きな影響を及ぼした。抗議活動は法の成立・施行後も廃止を求めて運動としてつづいていき、法律が国会で成立した一年後の二〇〇六年一〇月には、日比谷野外音楽堂とその周辺で一万五〇〇〇人の集会・国会デモが行われた。これは長い障害者運動の歴史のなかでも、最大の動員数の抗議行動であった。

3　自立支援法のもたらしたもの

自立支援法でとくにクローズアップされたのは、一割負担の問題だ。介護保険同様にサービスの利用に「応益負担」として、サービス事業者が受け取る報酬の一割を受益者である障害者自身が払うしくみである。負担額にはこれも介護保険同様に上限額が設定されているが、月々わずかな障害年金の収入しかない者が大多数を占める障害者に負担を強いること、また障害児を育てる親に負担を課すことへの批判はとどまることはなかった。「呼吸するにもカネがかかるのか」と障害者団体は反対した。

グランドデザイン案が出された当時、社会保障審議会障害者部会で委員だった福島智(盲ろう二重障害当事者として初の東大先端研助教授、当時)は意見書を提出し、「応益負担は無実の罪で収監された刑務所からの保釈金の徴収に等しい」と批判した。反対運動は大きくなり、前に述べた通り、国も法施行と同時にさまざまな減免措置をせざるを得ない状況に追い込まれた。だが小手先の措置では批判が収まらず、最終的には二〇一〇年改正により低所得者への負担はなくなった。

この火種は最終的には違憲訴訟にまで発展、施行二年後には全国各地で障害者自立支援法違憲訴訟が提起された(二〇一〇年一月に和解合意成立)。現在(二〇二二年一二月)では利用者の九二・七%が無料でサービスを利用しており、サービス費用総額に占める利用者負担率は〇・二五%となっている(二〇二三年、厚労省資料)。これは障害者サービスに負担を課すことがいかに愚策であったか、当初の自立支援法がいかに拙速な制度であったかを示す証《あかし》であろう。

しかし、この一割負担と引き換えに自立支援法によってもたらされたのが、重度訪問介護(重度障害者を対象とした、長時間型のホームヘルプサービス)や居宅介護など地域サービスの「義務的経費化」だ。それまで補助金ベースだった地域での介助サービスの国からの財政措置が、施設同様に義務的経費として費用の二分の一を国が負担するしくみが導入された。このように国庫負担基準という一定の基準はあるものの、これにより支援費のように国の補助金が足りなくなったら、その分を市町村が負担しなければならない事態は避けられることになった。このことは、全国どの市町村でも一定のレベル内で介助サービスを受けられる基本的なベースができたことを意味する。

一方でこの国庫負担には一定の基準、国庫負担基準が設けられた。これは早い話が介護保険の要介護度ごとに支給限度額が決められているしくみを、障害福祉サービスに当てはめたものだ。要介護認定にあたるものは障害程度区分(後に障害支援区分と改称)と言い、区分ごとに国が負担する基準額が設定されている。

しかし介護保険と決定的に異なるのが、この国庫負担基準はあくまで国が市町村の介助サービスにかかった費用を負担する際の清算の基準であり、この基準が個人の支給限度額となっていない点である。いまでも、国庫負担基準額では重度障害者が地域で一人暮らしをするための長時間の介助はまかなえない。市町村は国の通達により障害支援区分ごとの支給決定基準を設けているが、ほぼこの国庫負担基準にしたがって基準を決定している。

自立支援法が始まった時点で全国ではこの国庫負担基準、市町村の支給決定基準を大幅に上まわるサービスを受けて地域生活をする障害者が多数いた。そのため、この実態を国は受け入れざるを得ず、国庫負担基準を個人の上限とする、サービス量に制限をかけることはできなかった。また支給決定基準以上のサービスも、市町村が必要性を認め、市町村審査会による非定型審査を経ることで、支給決定が可能な道が作られたのである。

これは全国それぞれの地域で障害当事者が自治体に働きかけ、運動し、かちとってきた長時間の介助サービスの実態があったからこその成果であり、これまでの自立生活運動、介護保障運動の積み重ね、その実態が制度を作らせたのである。

国庫負担基準以上のサービス決定が出にくいことや、障害支援区分が「医学モデル」にもとづいていることなど、支援法の支給決定には多くの問題があり、私たちは国庫負担基準の廃止や支援区分を廃止して、ニーズにもとづく協議調整型の支給決定のしくみを今も求めている。しかし、義務的経費化によって、市町村の財政規模にかかわらず全国で重度の障害者が自立生活を営むためのサービスが受けられる基盤ができたことは、大きな成果である。

4　相談支援(計画相談)とケアマネジメント

ケアマネジメントは介護保険の制度創設から、その制度の要となるしくみとして位置づけられてきた。7章で述べたとおり、厚労省はサービス供給量に上限を設け、利用を抑制するために、障害福祉サービスにもケアマネジメントを制度化するため検討会を立ち上げた。しかし自立生活センターはこの動きを察知し、当初より制度化反対を明確に掲げ、中西が検討委員会に委員として入ることで、ケアマネジメント制度化は見送られた。障害者ケアマネジメントは介護保険のケアマネジメントとは異なり、必要な人だけに限り、エンパワメントの視点をもち、本人のニーズを中心とすることとなった。

厚労省は介護保険を模して作った自立支援法にも、ケアマネジメントに似たしくみを相談支援、サービス利用計画として位置づけたが、制度として全利用者に義務づけることはできなかった。私たちが主張してきた当事者主体のエンパワメント支援としての障害者ケアマジメントの理念がすでに浸透しており、セルフケアプランが実態として機能していたからだ。

後年、自立支援法から障害者総合支援法へと変遷するなかで、すべての利用者にサービス等利用計画の作成が義務づけられた(二〇一五年四月実施)が、自立生活センターなどの反対によって、これまでの変遷からセルフケアプランも可能であると明記された。制度化後も障害者のケアマネジメントは介護保険のケアマネジメント制度とはまったく異なった相談支援事業として、当事者主体の理念のもとで、本人の希望する生活を実現するための、意思決定支援を含めた支援として定着している。

5　政権交代、障害者権利条約、障害者総合支援法

二〇〇六年一二月、国連で障害者権利条約が採択された。二〇〇一年の国連総会で条約起草のための特別委員会の設置が採択されてから五年。特別委員会の下に設置された条約草案づくりのための作業部会には政府代表団だけではなく、障害NGO代表なども参画を認められた。

国内においても条約の採択、批准にむけて障害者の全国団体が結集し、日本障害フォーラム(JDF)が組織された。この規模で障害者団体が団結することは、日本の障害者運動史のなか

でも特筆されるできごとであった。ＪＤＦは特別委員会のなかで大きな役割を担い、障害当事者が代表団に加わった。まさにＤＰＩの標語である「私たちについて何ごとも、私たち抜きに決めないで」(Nothing about Us, Without Us)という合ことばのとおり、世界の障害当事者団体とともにこの条約の採択をかちとった。当事者が起草段階から条約交渉のテーブルにつくことを認められたのは、国連の従来の条約交渉過程には見られなかったことで、国連史上においても、きわめて画期的なことであった。

ＤＰＩの標語「私たちについて何ごとも、私たち抜きに決めないで」は、期せずして本書のキーワードである「当事者主権」の理念と一致していた。だが英語表現では五語のフレーズになる内容を漢字五字で言い表すことのできる漢字の造語力に、私たちは改めて感嘆した。しかもこの英語のフレーズにおいて、当事者は主格でなくusという目的格の位置にあった。「決めるのは私」という当事者の主体性は、決して譲り渡すことのできないものだった。

条約の発効を受けて日本政府は条約批准に向けて翌年には署名し、二〇〇九年三月には条約批准承認を国会にかけようとする。しかしここでもＪＤＦを中心とした障害者団体は異を唱える。早く権利条約の効力を発揮させたいという思いもあったが、国内の関連する法律や制度が権利条約の求めるレベルにはなかったからだ。このまま政府が批准をしてしまえば、条約は絵に描いた餅になってしまう可能性が大きい。

批准を阻止した後、二〇〇九年八月、衆議院選挙において民主党が圧勝し、政権交代が実現した。この政権交代による民主党政権時代は一般的には政治的な混迷期、混沌期ととらえられることも多いが、障害者団体はこの機を逃さず、政府とともに権利条約批准に向けて国内法整備への動きを加速させた。

内閣府に条約批准を前提に国内法の一体的な整備を目的とした障がい者制度改革推進本部が立ち上がり、二〇一〇年には「障がい者制度改革推進会議」(以下、推進会議)が設置される。このスキームを担当する内閣府の障がい者制度改革推進会議担当室の室長には、車いすの障害当事者で弁護士でもある東俊裕が就任した。

推進会議は権利条約の求める水準に障害者基本法や障害者雇用促進法を改正していくことを目的としており、その下には差別禁止法の制定を目的とした差別禁止部会が、自立支援法の改正を目的とした総合福祉部会が設けられた。

いずれの会議にも多くの障害当事者が委員に名をつらね、各分野でも政策形成過程に当事者が参加したことは、大きな成果である。推進会議はその後全三八回開催され、障害者基本法は二〇一一年七月に改正される。障害者の定義に「社会モデル」が取りいれられたこと、差別禁止条項に「合理的配慮」の概念が取りいれられたこと、手話が独自の言語と明記されたこと、障害者政策委員会が設置されたことなど一定の成果をあげた。

とくに合理的配慮は、

- 障害者が、障害のない人とおなじように、現在認められている権利や基本的自由をきちんと保障されて、それを行使するためのもの
- ある特定の場合に必要とされる、適切な変更や調整のこと
- そうした変更や調整に、あまりにも大きすぎる負担がかからないもの

の三つがあわさったもので、障害者権利条約で生まれた新しい権利保障の概念である。これが第四条の2に明記されたことは、障害者基本法の大きな成果のひとつであった。

しかし第三条第二項「全て障害者は、可能な限り、どこで誰と生活するかについての選択の機会が確保され、地域社会において他の人々と共生することを妨げられないこと」にあるように、多くの条文に「可能な限り」という文言がはいったことや、インクルーシブ教育の原則が取りいれられなかったことなど、当事者運動だけではクリアできなかった課題も残った。

6　総合福祉部会

障がい者制度改革推進会議のもとに総合福祉部会が発足したのは、二〇一〇年四月のことだった。同部会は障害者自立支援法を廃止し、新たな法制度を構築することを目的として厚労省内に設置された。

障害者自立支援法は施行後も一割負担の問題を始めさまざまな問題が指摘され、二〇〇八年には障害者自立支援法違憲訴訟が全国に拡がり係争中だった。国連の障害者権利条約は批准に向けてその水準――とくに第一九条の脱施設、地域生活に関する条項――に見合う国内法の整備が求められていた。そして、マニフェストに障害者自立支援法の廃止を掲げた民主党が二〇〇九年九月に政権を握り、二〇一〇年一月に政府は自立支援法違憲訴訟団との和解の基本合意のなかで、障害者自立支援法の廃止と新たな総合的な福祉法制の実施を約束した。

二〇〇九年末から二〇一〇年にかけて、すべての流れが制度改革の方向に向かっていくタイミングでの部会の発足であった。

私たちはこれを絶好の機会ととらえ、ＪＤＦからの流れを汲んで障害者団体の団結のもと、当事者主体の制度改革の実現に向けて同部会へ注力した。部会委員は障害関連団体と有識者の五五名の大所帯であり、さまざまな立場、意見をもつ団体、たとえば、入所施設や精神科病院への収容推進など、政府寄りの論陣を張る委員もいた。部会では論点整理、作業チームにおける検討、議論がくりかえされ、その裏では反対派委員への説得交渉、意見調整、厚労省の障害者団体への切り崩しへの対抗など、さまざまな運動を展開し、紆余曲折《うよきょくせつ》をへて一九回の部会が開催されたあと、二〇一一年八月に「障害者総合福祉法の骨格に関する総合福祉部会の提言」、いわゆる「骨格提言」を取りまとめた。

この骨格提言は、障害者運動の到達点を具体化する画期的な提言であった。

障害者の範囲は改正障害者基本法と同様に「社会モデル」にもとづくものとし、いわゆる谷間の障害(定義上は身体・知的・精神のどの障害にもあてはまらないが、発達障害や慢性疾患等によって継続して日常生活にさまざまな困難さを抱えている状況)を解消することとした。

支給決定のしくみでは、新たに協議調整モデルを提案している。当時の障害程度区分は「医学モデル」にもとづき障害の重さや機能面を判定し、サービスの必要度を六段階にわけ、それぞれに応じたサービスの支給決定基準が設けられていた。これは介護保険とほぼ同様のしくみである。基準以上のサービスが必要な場合は、非定型として支給の可否が医師を中心とした審査会にかけられる。

対して提案された協議調整モデルは、「社会モデル」を念頭に本人(もしくは支援者)の希望するサービス計画を作成し、それにもとづき市町村がニーズアセスメントを行い、市町村と本人が協議調整を行ったうえで支給決定されるしくみである。

重度者への長時間の個別支援については、今ある重度訪問介護を発展させるかたちでパーソナルアシスタンス制度の創設をめざしている。パーソナルアシスタンスは⑴当事者の主導(支援を受けての主導を含む)による、⑵個別の関係性のもとでの、⑶包括性と継続性を備えた生活支援、とされた。支給決定された時間内であれば通勤、通学、入院、外出、見守りなど利用範囲を制限されず、障害の種別を限定せずに使えるサービスである。

ほかにも社会的入院・入所を解消するため地域移行促進を明記することや、「地域生活の基盤整備一〇ヵ年戦略」の法定化、障害にともなう支援は原則無償(高額所得者は応能負担)など、私たちが求めてきた法制度、サービスが「骨格提言」に盛り込まれた。

しかし骨格提言に対する厚労省の対応案はほぼゼロ回答であり、障害者自立支援法は名前だけを障害者総合支援法と(違憲訴訟との合意で自立支援法を「廃止」とする必要があったので)変え、制度は一部のみの改正だけに終わってしまった。政権交代をもってしても、権利条約の外圧をもってしても、障害者運動が日本の巨大な官僚システムやその意思決定システムをドラスティックに変えることはできなかったのだ。

一方で運動を通じて小さな制度改革を重ねていき、他方でそれと同時に草の根で当事者主体の支援や地域生活の実態を作りあげていくことが、自立生活運動にとっていかに重要であるかを、改めて認識させられた経験でもあった。

その後二〇一二年に自民党が政権復帰、二〇一三年に障害者総合支援法が施行。数年おきに制度が改定された。介護保険のケアマネジメントを模した障害者計画相談など相談事業の再編や、就労支援の強化、自立生活援助、放課後等デイサービスの創設などの改定が順次行われているが、骨格提言でめざした法制度や支援のしくみへは、まだ道のりは遠い。

7　障害者差別解消法へ

国内で差別禁止条例が初めてできたのは、障害者権利条約が採択される二ヵ月前の二〇〇六年一〇月、千葉県の「障害のある人もない人も共に暮らしやすい千葉県づくり条例」である。当時、千葉県知事であった堂本暁子が先頭に立ち、県内の身体、知的、精神を含めた障害当事者や家族が研究会のメンバーに入り、タウンミーティングを何度も開き、さまざまな業界団体の意見を集約して市民によって作りあげられた。一部の経済団体や教育関係者からの反対などで廃案の危機もあったが、修正案を提出し、議会で可決された経緯がある。

修正案で内容的には後退した面もあったが、差別の定義を初めて明文化したことや、差別を受けた際の申し立て手続き、そして「調整委員会」の設置といったしくみづくりなど画期的な内容となり、その後の各自治体での条例づくりや、国の差別解消法へ向けて大きなインパクトを与えた。

国においては障害者の権利条約批准に向けて国内法の整備が進められ、二〇一〇年一一月には障がい者制度改革推進会議に差別禁止部会が設けられた。権利条約は批准する国に障害者のための差別禁止法制をもとめており、批准のために障害当事者や家族の長年の悲願でもあった差別禁止法への議論がついに始まったのだ。

同部会は権利条約の「私たちについて何ごとも、私たち抜きに決めないで」の理念を踏襲し、法律の専門家と同じテーブルに障害当事者が並んで、差別禁止法制への議論がすすめられた。そして諸外国の差別禁止法制のヒアリングと検討、各分野の差別事例の検討など精力的な会議が重ねられた。その過程で障害者基本法の改正により二〇一二年七月に設けられた内閣府障害者政策委員会の差別禁止部会へと議論を引き継ぎ、九月に「『障害を理由とする差別の禁止に関する法制』についての差別禁止部会の意見」をとりまとめた。

このとりまとめには、対象となる障害の定義、禁止されるべき差別の形態を整理したうえで、公共的施設・交通機関、情報・コミュニケーション、商品・役務・不動産、医療、教育、雇用、国家資格等、家族形成、政治参加(選挙等)、司法手続きの個別分野での想定される対象範囲や場面、差別事例を具体的にあげている。また相談窓口の設置、調整や救済など紛争解決のしくみの必要性も盛り込まれ、法案化に向けての期待が高まった。

だが、障害当事者たちの差別禁止法への望みは、再び政局のなかで翻弄された。二〇一二年一二月に自民党・公明党が総選挙に大勝し、政権復帰したことを機に、内閣府に作られていた政策委員会も開催が頓挫し、これまでの議論も差別禁止法のゆくえも水泡に帰すと危ぶまれる状況となった。しかし運動側は水面下で各方面への働きかけをつづけ、障害者施策に精通した、接点のある与党議員などへの説得にまわった。最終的には与野党間での調整がされたうえ、部会意見からは大幅に後退した内容で、「障害を理由とする差別の解消の推進に関する法律」(以下、障害者差別解消法)と名を変え国会に上程され、二〇一三年六月に成立、三年の準備期間をおいて二〇一六年に施行された。

アメリカのADA(障害をもつアメリカ人)法から二六年、日本の障害当事者や家族、関係者たちの長年の夢でもあった障害者差別禁止法制は、内容こそ理想的なものとはほどとおい不十分な障害者差別解消法となったが、それでも一定の成果があり、大きな一歩となった。障害の定義を「社会モデル」にもとづく「障害及び社会的障壁により継続的に日常生活又は社会生活に相当な制限を受ける状態にあるもの」としたことや、権利条約のなかでも重要な概念のひとつである合理的配慮を提供しないのは、差別にあたることが示された。基本方針・対応要領・対応指針の策定とその過程で、障害当事者の意見を聞くことも入っている。

一方で合理的配慮の提供が民間事業者には努力義務となったこと、部会で議論を深めた差別の類型(直接差別、間接差別、関連差別、複合差別など)が抜け落ちて障害者差別の定義があいまいなこと、紛争解決のための新たなしくみやワンストップの相談窓口が設けられなかったこと、各分野での差別事例などの各則がないことなど、いくつもの大きな課題が残され、これらは法の附則に規定された三年後の見直しに向けた障害者運動に託された。

8　Nothing about Us, Without Us

二〇一四年一月、日本政府は障害者権利条約を批准した。

採択から七年、この間の制度改革は自立支援法の拙速な施行への批判とあいまって、障害者運動の歴史のなかでも大きなうねりとなった。条約批准に向け、とくに大きな改正は必要がないという政府の認識に反対し、国内法整備、つまり障害者基本法改正、障害者総合支援法の成立、差別解消法の成立、障害者雇用促進法改正へとつなげたこと、そしてその過程で障害当事者が具体的な政策決定過程に参画したこと、かつ国内の多くのさまざまな障害者団体が議論を重ね、ときには紛糾しながらも、それぞれの主張の違いを認めつつ一致団結して制度改革を実現したことは大きな成果だった。

改革後に作られた内閣府の政策委員会でも当事者が委員となり国の施策に関与しており、実際に差別解消法の施行三年後の改正議論には当事者団体が大きな力を発揮して、制定当初の課題でもあった民間事業者への合理的配慮の提供義務をかちとっている(二〇二四年四月より施行)。"Nothing about Us, Without Us" に表象される当事者主権の理念は、この間に日本でも着実に拡がってきた。

これを次の段階にどのようにつなげていくか。二〇二二年には国連で障害者権利条約の実施状況について、日本政府に対する審査があり、総括所見が発表された。そこには、分離教育の中止、精神科への強制入院を可能にしている法律の廃止を求めるなど、日本の課題が的確に指摘されている。

とくにいまだに分離教育が前提の日本の義務教育に対しては、「医学モデル」にもとづく学内外での特別支援学校や特別支援学級への隔離がつづいている状況を指摘し、地域の学校へ通うための合理的配慮が不十分であることへの懸念が表明されている。そのうえで分離教育をやめ、インクルーシブ教育を保障するための財政措置をともなった計画策定を求め、勧告ではなく、さらに踏み込んだ「強い要請」という言葉が使われている。

いわゆる地域生活条項といわれる第一九条についても、入所施設から地域への予算の再配分、脱施設・脱病院への計画と立法措置を求める強い要請がされている。

全体を通じて、国連は多数の項目で日本政府に対し、障害者団体との緊密な協議を求めている。"Nothing about Us, Without Us" というスローガンの下に策定された権利条約の根幹とも言える理念が、総括所見にも反映されている。この総括所見をひとつの武器に、私たちはさらに制度改革の歩みをつづけていく。

10章 (増補)全国に展開する自立生活運動、そして世界へ

1　全国へ拡がる自立生活センター、自立生活運動

二〇〇〇年、介護保険制度の創設と社会福祉基礎構造改革によって戦後からつづいてきた日本の福祉施策は大きな転換点を迎えた。措置から契約へ、施設中心から地域福祉へ、福祉人材の育成、身近な自治体である市町村が中心となるといったことをかかげて、大きな制度改革が始まった。

障害者サービスでは二〇〇三年に支援費制度ができ、その後、精神障害者もとりこんで、サービス一元化を行った障害者自立支援法へと移っていった。自立生活センターにとって何よりも大きかったのは、支援費制度によって自分たちが事業体、かつ運動体としてセンターを運営していく術を得たことだ。二〇〇〇年から一〇年ほどのあいだに自立生活センターはその数を飛躍的に伸ばし、一つのセンターの事業規模も、それまでとは比べものにならないほど大きくなっていった。

自立生活センターが拡まったのは、もちろんただ制度が整ったことだけが理由ではない。自立生活センターの理念でもあるとおり、自分たちのセンターだけが大きくなり豊かになっても、

それは運動体としては成功とは言えないからだ。すでにある自立生活センターは一連の制度改革で得たヘルパー事業の収益を、ほかの団体、まだ自立生活センターのない地方の自立生活運動団体の育成、自立生活センターの設立支援の原資とした。ひいては海外の自立生活運動の発展のためにも、それを使ってきた。

一つのセンター、一つの地域が、よいサービスを実現しても、それを全国に、そして世界に拡げていかなくては、やがて失われていく。一つのニーズから始まり、それから小さな支援のしくみができ、制度になり、法律になる。

今日、重度訪問介護という重度障害者のための二四時間派遣可能なヘルパー制度が存続しているのは、全国各地で先人の当事者たちが身を投じてそのしくみを一から作り、その実態を作ることから行政にかけあって制度化を求め、それを全国へ広めてきたからこそである。それによって、法律として保障されるまでに至ったのだ。

資金面だけではない。1章の9で述べたように、私たちは二〇〇三年の支援費制度に向けて全国で自立生活センターを設立してくための組織、自薦ヘルパー(パーソナルアシスタント制度)推進協会(以下、推進協会)を立ち上げ、既存のセンターの代表らが講師となり、その理念とノウハウを伝える支援・育成システムを作ってきた。当時センターがなかった都道府県を主なターゲットに、地方ブロックごとにこれから施設や親元を出て自立生活をしたいと考えている当事者たちや、これまで地元で地道に運動をつづけてきた当事者たち、その支援者たちに声をかけて集まってもらい、研修会を数多くひらいた。

三—五年かけて、自立生活センターのリーダーたちは全国を飛びまわった。これまで蓄積してきた自立生活運動の理念、ピアカウンセリング、自立生活プログラム、制度交渉、介護保障運動、アクセス運動、権利擁護活動、相談事業、センター運営ノウハウなどを惜しみなく伝え、数冊の研修テキストをマニュアルとしてまとめ、研修会やさらにアドバンスのための個別研修、既存団体の見学や一ヵ月の実地研修も行った。

このように立ち上がった自立生活センターは既存のセンターとともに、二〇〇三年の支援費制度スタートと同時にヘルパー派遣の事業者として指定をとり、重度障害者への二四時間サービスを展開した。同時に事業で得た収益を運動や他団体の育成、ネットワークづくりに使った。自分たちが立ち上げの際に受けたサポートを、同じように他の地方やまだセンターのない地域に差し伸べ、自立生活センターを育てていくこと、事業体と同時に運動体として全国レベルでの制度の底上げをしていくことをしてきた。事業のノウハウだけではなく、当事者ニーズから始まった運動体としての理念を伝えてきたことで、自立生活センターはその本来の目的を失わずに、二〇〇三年の支援費上限問題や、自立支援法への反対・抗議行動と障害者制度の改革、権利条約の批准への働きかけを行うことができたのである。

重度障害者が地域で生きるためには二四時間の介護保障――必要な人に必要なだけの介護時間の確保――が必須の条件である。必然的に、公的介護を十分に支給できる財政規模の大きい都市、東京や政令指定都市などに、重度障害者の自立生活の場が集中していくことになり、自立生活センターも比較的大きな都市周辺に生まれてきた経緯がある。

しかし支援費制度や自立支援法を経て国の財政負担が保証され、全国統一の制度が確立したことで、小さな市町村でも重度障害者の自立生活への間口が拡がった。

それまでは過疎地などに施設や親元から自立希望の当事者がいたら、センターのある地域に転居して自立生活をすることが多かった。しかし今は、そういった希望者がいれば、その人の地元において役所との長時間ヘルパー(重度訪問介護)の支給時間の獲得交渉から始めてもらい、その地で自立生活をし、仲間を集め、自立生活センターの土台づくりをしていくことを進めた。

さらに、小規模な市町村が重度障害者への長時間のヘルパー支給で財政が圧迫されるのを軽減するために、小規模市町村への激変緩和の補助金制度を厚労省に提案し、実現した。

北陸のA市(人口二六万人)に住む、筋疾患をもち、二四時間介助が必要なBさんは、母が突然に亡くなり、施設入所しか道がないと思っていたときに、自立生活センターに出会った。重度訪問介護を使っての自立生活を知り、団体とともに市と交渉した。「前例がない」、「規定にない」、「他の人とのバランスが」と自治体は当初難色を示したが、最終的には二四時間の支給決定を受け、自分の地域での一人暮らしをかちとることができた。

西日本の人口二〇〇〇人程度のC町では、ALS(筋萎縮性側索硬化症)のDさんが家族介護の限界となりつつある状況下で、自立生活センターの関連団体がかかわることにより、町から月七四四時間(一日二四時間)の支給決定を受けることができ、人工呼吸器をつけての生活をつづけている。

日本は、二四時間介助の必要な重度障害者が、ひとり暮らしで在宅生活を送ることができる国になった。このように、日本の重度障害者への長時間ヘルパー派遣制度は、北欧諸国と並んで世界に冠たるものとなったのである。

2　事業体と運動体のはざまで

以上のような、政治的・法的な巨大な達成の後、障害者の当事者運動は第三段階を迎えていると言ってよい。達成があったからこその新たな問題が、次々に浮上してきたのである。その点で当事者運動に終わりはない。

そのひとつは、かつては運動体としての側面が大きかった自立生活センターも、自立支援法の指定事業者になることにより、事業体としての側面が大きくなっていったことである。

団体を法人化し、ヘルパー事業者として指定を取ったとたんに、事業体としてしなければならないこと、守らなければならないルールなどが押し寄せてくる。数々の業務に時間をとられて、なかなか運動へ力を傾けることができなくなる。ヘルパー制度が以前に比べてはるかによくなったことで、交渉をしなくても最低限の介護保障が得られることや、アクセス運動が進んだことで移動や外出など生活するうえでの障壁が少なくなってきたことなどから、運動をしなくても最重度の障害者でなければ生活ができることで、運動へのモチベーションが高まらない。ヘルパー事業はやればやるだけ収益があり、団体も豊かになり危機感はなくなる。

二〇〇三年から支援費制度が始まり、何年か経過したあとに、いくつかの自立生活センターでこうした状況が起こった。事業体が力をもったことで、非障害者職員が力をもつようになり、自立生活センターとしての方向性が定まらずに、解散や分裂といった事態も起こっていた。

もちろん収益をさらなる運動や最重度者のための制度交渉やほかの団体の育成に投下したり、権利条約批准に向けた動きや国際協力の推進など、それぞれが得意とする分野において運動に力を向けた団体が大多数であったからこそ、二〇一〇年ごろの障害者制度改革や権利条約への国内法整備などを乗り越えられたのだが、介助制度の発展とヘルパー事業への参入が、自立生活センターの運動体と事業体とのバランスの取り方を、よりむずかしいものにしたのも事実である。

また、世代交代も一つの課題となっていた。

自分の地域で先進的に障害者運動を始め、そこから自立生活センターを作り、介助者派遣をし、強烈なパワーで団体の中核を担ってきた当事者が、高齢化し、引退したり亡くなったときに、その意思を継いでどのようにセンターをつづけていくかが問われた。次世代の当事者にうまくバトンを引き継ぐ団体も多いが、創設者が亡くなったことで解散、あるいは事業のみを非障害者に引き継いで自立生活センターの旗を降ろす団体も少なからずある。運動性をもった団体において後継者を育成すること、自立生活センターの理念を次世代に伝えていくことのむずかしさに直面した。

その裏面にあるのは、さまざまな制度の整備にともなって、障害者がニーズの主体からサービスの利用者へ変化したという事情である。これは、さほど苦労せず介助が支給され、障害者が生活しやすい環境が整ってきた時代背景のなかで、かつてのように強烈な差別体験、劣悪な施設生活の体験などをもたない障害者が、いかにみずからのニーズに気づき、当事者となりうるかという課題でもある。

たとえば交通アクセスでは、かつては交通行動として車いすユーザーがいっせいに駅に集まり、アクセスの改善を求める一大イベントがあった。現在では大きな都市ではどの鉄道に乗るのにもエレベーターができ、駅員が乗り降りに対応する光景があたりまえになっている。かつてのように車いすでは乗れない路線、行けない駅はあまり見あたらない。新しい建物などを計画する際は障害当事者を呼び、事前に意見を聞く機会を設けることも多くなってきている。日常生活にほとんど不便を感じず、移動のニーズが充足され、移動困難な「当事者」がいなくなってきている。

しかし、駅の乗車時に駅員の都合や降車駅の連絡などで長時間待たされることは、今もよく見かける光景だ。人口減少を背景に無人駅や駅員が少ない駅が多くなり、「その駅は事前連絡なしには乗降ができません」と断られる例もある。それを「仕方がない」とあきらめるのか、権利条約が謳《うた》う「他の者との平等」に照らして社会のあり方の問題ととらえるべきなのか。

ハード面は技術の進歩で改善されたが、ソフト面ではどうか。鉄道や飛行機の搭乗拒否のニュースが取りあげられると、心ないコメントが殺到する。社会が変容していくなかで、障害者が自由に移動する権利に対する人々の認識は、むしろバリアが高くなっていると思える。その危うさを認識することにより、初めて当事者として社会に向けて発信することができる。

介助サービスについても十分な介助量とは言えないが、家族と暮らしていれば少し自分が我慢をすることで生活していくことができる。総合支援法によって、ある一定のレベルでどこの自治体でもサービスを受けられるしくみが整い、よほどの最重度の人でなければ単身で地域のなかで暮らすこともできる。家を借りるのも、差別解消法や各地の条例のおかげで借りやすい状況が進んでいる。介助の事業所が見つからなければ、相談支援事業所が探すのを手伝ってくれる。

その結果、けっして十分とはいえない制度によって与えられたサービスの水準に、みずからのニーズの水準を合わせてしまう「適応調整」も起きる。「障害」が障壁にならない社会状況のなかで、環境の整備が進み、ニーズが潜在化してしまうと、運動の必要性を感じることがなくなる。「障害者」がニーズの主体として「当事者になる」ことが運動体としての課題となっているともいえる。

だが、揺り戻しはかならず起こる。

二〇〇〇年から二〇一〇年ごろは事業の拡大と世代交代の一〇年だったとすれば、二〇一〇年代は運動体への回帰の一〇年だったかもしれない。推進協会の研修もヘルパー事業の運営のノウハウを伝えることより、重度者の施設や親元からの自立支援、介護保障や権利擁護といった、自立生活センターのいわば「本業」にかんする内容に重きをおくようになった。

全国の自立生活センターが集まるセミナーでも、権利条約の批准と国内法の整備への取り組み、インクルーシブ教育やアクセス運動、国際支援、知的・精神・聴覚・視覚といった障害種別を超えた運動といったテーマが多くを占めている。そしてそこに登壇するのは、若い当事者たちである。自分たちが障害当事者として運動していく必要を感じとり、まだまだこの社会のなかで声を上げて変えていかなくてはならない状況があるからだ。

権利条約がいう「他の者との平等」は、日本のなかではほど遠い現状だ。

6章の4でも述べたように、精神科病院にはいまだに約二九万人が入院している。さらに二〇万人の身体および知的障害者が入所施設での生活を強《し》いられている（二〇二三年、厚労省資料）。権利条約をもってしても日本の分離教育の壁は厚く、障害児が普通校へ通うためには多くのハードルを越えなければならない状況だ。バスやタクシーの乗車拒否は、まだまだ日常茶飯事だ。

障害者運動は、自転車のように、止まってしまえば倒れる。当事者が声を上げつづけなければ、また行政に都合のいいように予算の制約や社会の条件から、切り捨てられるだけでなく、自分たちの求めるものとは違うものがあてがわれてしまうだろう。自分の生活、自分たちのセンターだけがよければ安泰、ということにはならない。さらに重度の人の自立や、他の当事者や他のセンターがともによくなっていくことで、運動体として大きな力をもち、またそれがみずからのセンターの力になっていくのだ。

3 新しい障害の増加

近年の新しい傾向は、障害のカテゴリーのなかに、発達障害や学習障害など、これまでの身体・知的・精神の分類のどこにも収まらない新しい「障害」の種類が増えてきたことだ。また新生児医療の発達によって、重度の医療的ケア児も増えてきた。さらにセクハラやパワハラなどによるPTSDから、労災認定を受けるような人々も増えてきた。災害や交通事故などによって、半身まひや高次脳機能障害をもつに至った人々もいる。一〇万人に一人、と言われるような難病に苦しむ患者もいる。社会に出て行けない、「引きこもり」と言われる人々も、全国で三〇万人いると言われる。

障害はますます多様化し、複雑化し、障害当事者のもつ困難は複合化してきた。障害をもった人々は、障害そのものに苦しむだけでなく、貧困、孤立、差別など多重の困難をかかえている。社会活動家、湯浅誠のいう「五重の排除」――職場からの排除、教育からの排除、家族からの排除、福祉からの排除、自分自身からの排除――である。

障害はもはや「車いすの身体障害者」のような目に見えてわかりやすい障害ばかりではない。一見してそうは見えない内部疾患や難病など「見えない障害」に対しても、「見えない障害バッジ」や「ヘルプマーク」が工夫されるようになった。

制度の谷間に落ちるこのような障害者は、いまでもその生活の多くを家族に、とりわけ母親に、依存している。これまで障害をもった子どもを産んだ母親は、そのために自分の人生をすべて犠牲にしなければならなかったし、重度の医療的ケア児をもった母親の現状は、かつてとあまり変わらない。障害者総合支援法は徐々に、これらの人々にも支援の手を差し伸べているが、現実の変化に制度のほうが追いついていない。日本の福祉は今でも家族だのみであり、わけても女性にしわよせされる傾向がある。

親から子への介護ばかりではない。子から親への介護もある。澁谷智子の著書、『ヤングケアラー』(中公新書、二〇一八年)が、この子どもたちの存在をいっきょに見える化したことで、国が実施した調査から、ヤングケアラーが中学・高校生のうち四・八%、およそ二〇人にひとりいることが明らかになった。「ヤングケアラー」とは家庭内でケアを要する家族の介護を負担する一八歳未満の子どもを言う。なかには精神疾患を患う親から目を離せない子どもや、認知症の祖母を世話する子どもなどがおり、そのために子どもたちの学業が妨げられ、「子ども時代」が奪われることになる。かつてなら「親思いの孝行娘、息子」、「お手伝いをするよい子」ととらえられてきた家庭内のケアの負担が、「あってはならない子どもへの過重負担」として問題化されたのである。新しい概念には、新しい現実を作りだす力がある。

障害者自立生活運動は、障害者の「家族からの自立」を果たした。その裏面は、家族の「(障害をもった)子どもからの自立」、すなわち(母)親の「親からの卒業」であろう。「ふつうの家族」に必要でありかつ可能な「子の親バナレ」「親の子バナレ」が、家族の誰に障害があろうとも可能になるしくみ……それが求められている。

多重の困難には多元的な援助が必要である。身体的な介護のみならず、心理的な支援、医療支援や法律支援、さらに職業や居住支援、コミュニティ支援など、複合的でソーシャルワーク的な支援が必要とされるであろう。障害者支援の裾野は拡がっている。その意味でも、障害当事者による自立生活運動の経験は、後から来る者たちにとって大きな財産になるだろう。

4　世界へ

障害当事者の連携は国内だけではない。今や自立生活センターの理念は世界に拡がっている。私たちは日本の国内で自立生活センターの設立を支援してきた実績をもとに、海外の多くの国や地域で研修を行っている。近隣のアジアの国々のみならず、中央アジアのキルギスタンやウズベキスタン、南米のコスタリカやコロンビア、アフリカのケニア、マラウイ、南アフリカなどにも日本の障害当事者が訪問し、自立生活について伝えている。韓国やタイ、台湾、モンゴル、マレーシア、フィリピン、ベトナム、カンボジア、ネパール、パキスタン、コスタリカ、南アフリカなどではすでに自立生活センターが設立され、自立生活の理念を広め、サービスを提供するとともに、制度の実現に取り組んでいる。

一九九八年、韓国ソウルにある正立会館(韓国小児麻痺協会の韓国最初の障害者利用施設)と協力して第一回日韓共同自立生活推進セミナーを現地で開催した。このセミナーをきっかけとして韓国の障害者リーダーが来日し、ヒューマンケア協会で研修を受けている。文化的に近いためか、自立生活センターによる自立支援について伝えるのは容易であった。そのなかの重度身体障害者リーダーによって、二〇〇〇年に韓国で最初の自立生活センターがソウルに設立された。ヒューマンケア協会も韓国自立生活基金を設立し、初期の自立生活センターの活動を支援している。また韓国では、日本のピアカウンセリングや自立生活プログラムへの関心も高く、日本からピアカウンセラーを派遣して、現地のピアカウンセラー育成の研修を行っている。

その後の韓国での自立生活の推進は目覚ましく、二〇〇七年には介助サービスの制度が始まった。現在、自立生活センターは韓国全体で四〇〇を数えるまでになっている。今後さらなる発展が希望できるアジア地域では、日本と韓国が協力して自立生活の支援を行うことも可能であろう。

南アフリカは、ＪＩＣＡ（国際協力機構）の課題別研修事業として、ＤＰＩ日本会議が二〇〇二年から行ったアフリカ障害者リーダー研修に参加した国々のなかで、もっとも自立生活センターに関心をもっていた。また二〇〇〇年代初頭に、スウェーデンの自立生活センターの支援を受けた障害者リーダー研修がヨハネスブルグ市で行われていたこともあり、自立生活支援のプログラムを拡げていく下地があった。二〇一一年にダーバン市で開催されたＤＰＩ世界大会を契機に、現地の障害者リーダーと南アフリカでの自立生活推進の計画を進め、二〇一三年からＪＩＣＡ草の根技術協力事業を用いて、ハウテン州で自立生活センター設立支援を行っている。

しかし、かつてこの国を支配していたアパルトヘイトによる社会の分断により、経済や教育の格差が非常に大きいため、忍耐強くピアカウンセリングや自立生活プログラム、介助者派遣といったサービス提供や、自立生活センターの運営についての理解を広めていく必要があった。地域での自立した生活を望むのは、どこの国の障害者でも同じであって、多くの当事者の支持とハウテン州政府の支援を受けて、自立生活センターは地域生活のモデルとなるサービスの提供をつづけている。

自立生活の推進は、地域での新たなニーズの掘り起こしにもつながる。住宅のバリアフリー化や外出するための移送サービスは、そのなかでもとくにニーズが強いものであった。このニーズに対応するために、住宅改装のアドバイザーの育成や車いすリフトつきのバンを使った移送サービスを試験的に行っている。このように自立生活センターが成長していけば、今後は彼らがモデルとなって、南アフリカ各地に新たなセンターが作られることが期待できる。そして彼らが施設から障害者を連れ出し、行政と交渉し、地域で暮らしていけるようにサービスを提供する。このように自立生活はアフリカでも広まっていくだろう。

5　DPI世界会議と世界の障害者との連帯

DPI世界会議は国連の公認団体として、国連の会議にも参加している。アジア太平洋ではDPIアジア太平洋ブロックが存在し、現在まで中西が議長をつづけ、アジア諸国へ自立生活センターの理念を伝えることに尽力してきた。パートナーの由起子も、国連アジア太平洋経済社会委員会(ESCAP)の専門官をつとめてきた。

この四〇年、DPI世界会議では、当事者が代表者や、あらゆる部門での事務局員を務め、政策立案からその実行まで担当している。二〇〇六年の国連障害者権利条約の採択など、ここ数十年間の障害者運動の活動目標を達成してきた。当事者の目線から政策が語られるようになり、障害者への差別も減少してきている。9章にもあるとおり障害者権利条約はその起草段階から当事者参画のもとに作られたものだ。その成立過程は世界の障害者運動の歴史のなかにおいても大きな意味をもつ。

また、条約そのものの意義も大きい。その一つは「合理的配慮」だ。

学校の試験で障害のある人が別室での受験や時間を延長してもらうことは今ではあたりまえになっている。これは衡平《こうへい》(Equity)にもとづく障害への合理的配慮が提供されている例だ。衡平と平等の違いについても、ようやく理解が進んできた。衡平とは個々人のもつ障害について、どのようなサポートや環境整備、調整があれば障害のない人たちと同じスタートラインにたてるか、当事者と協議しながら合理的配慮を行うことを言う。障害の有無にかかわらず、すべての受験生に等しい条件での試験を課すことは平等(Equality)であるが、これは合理的配慮を欠き、条約では差別にあたるとしている。

そしてこの概念は障害分野だけにとどまらず、性別、人種、年齢、宗教、性的指向などにも通ずるものとなっている。現在ではSDGsと並び、DE&I(Diversity, Equity & Inclusion)を掲げる日本の企業・組織もでてきている。それを先導しているのが、この条約で示された「合理的配慮」や「インクルージョン」といった概念である。

もうひとつの大きな意義は、障害に「社会モデル」を取り入れたことだ。障害は個々人の欠損や状態(機能障害)によって引き起こされるものではなく、機能障害と物理的な障壁や偏見などの社会環境との相互作用により起因するという考え方だ。障害者はこれまで医療関係を始めとする専門家により、障害の起因となる機能障害を改善してより障害のない人に近づくように求められてきた歴史がある。だが当事者が声を上げ、専門家からの「医学モデル」にもとづくアプローチに対して「変わるべきは自分たちではなく社会のほうなんだ」と世界中で訴えつづけてきた運動が、ここに結実した。世界の障害当事者が連帯し、かちとった大きな成果である。

二〇二三年、そのようなリーダーの一人である、アメリカのジュディ・ヒューマンが七五歳で逝去した。彼女の死が大きく報道されるのも、彼女が世界に与えてきたインパクトが、いかに大きいかを、私たちの社会が感じるようになってきたからであろう。今後もできる限り、世界にとって重要な役割を務めていくつもりである。

日本で発達した自立生活センターが、世界に広まり、国の財政支援を受けながら、世界的に見てもモデルとなるシステムを築いてきた。世界と連帯して、後継者を育てていくことができるようになれば私たちの課題は達成されることになる。

11章　（増補）介護保険以後の高齢者福祉

1　当事者ではなかった高齢者

本書初版の刊行年は二〇〇三年、介護保険法施行から三年に満たない。それから二〇年以上が経過して、介護保険がもたらした社会の変化とその功罪を論じるには十分な時間が経った。本章では介護保険法施行以後の高齢者ケアについて論じたい。

9章および10章の障害者運動のめざましい展開と成果を見れば、日本における高齢者福祉の相対的な貧弱さは目を覆うようなレベルである。なぜならば、障害者福祉は障害当事者団体の要求と闘いによってかちとられてきたものであるのに対し、日本における高齢者福祉は、高齢当事者のニーズから生まれたものではなかったからである。

とはいえ、二〇〇〇年に施行された介護保険法は特筆すべきものであった。この法律によって、日本における高齢者福祉は「措置から契約へ」、「恩恵から権利へ」と大胆な転換を遂げた。その介護保険の成立にあたって、障害者団体が「老障統合」に粘り強い反対と抗議活動をくりかえし、これを阻止したことは9章に詳しい。なぜか、と不審に思われる読者もいることだろう。介護保険と支援費制度(二〇〇三年当時)の違いについては2章4節で詳細に論じたように、障害者福祉の介護保険への統合である「老障統合」は、障害者にとっては明らかにサービス水準の低いほうへの「統合」を意味していたからである。障害者が高齢化にともなって経験する「六五歳の壁」もこのひとつである。障害者が六五歳になると介護保険の適用を優先するようにという行政の指導は、サービス水準を明らかに低下させるものだったために、障害者団体が反対するのも当然であった。

二〇一三年には岡山市の浅田達雄が、二〇一五年には千葉市の天海正克が、それぞれ自治体を相手どって、六五歳から介護保険の優先適用による不利益を法廷に訴え、勝訴した。浅田訴訟、天海訴訟として知られている。このような法廷闘争の積み重ねによっても、障害者の権利は守られてきた。

1章でも述べたが、高齢者「介護」と障害者「介助」の用語も使いわけられている。英語では介護はcareケア、介助はassistanceアシスタンスにあたる。ケアとは依存的な存在に対して非対称な権力関係のもとで与えられる援助だが、介助は当事者主権のもとに行使される自己決定に対する支援である。「介護」にまつわるパターナリスティックな「保護」のニュアンスを、障害者は拒否してきた。

それならなぜ高齢者は、障害者が受けとれるサービスより低い水準に甘んじたのだろうか?

理由は単純である。介護保険は、高齢当事者の要求によって作られたものではなかったからである。

2　介護保険成立の経緯

まず介護保険法の成立の経緯について述べておこう。

介護保険は一九九四年に構想され、さまざまな検討を経て九七年末に国会で成立。日本では前例のない経験だったので施行までの準備期間に約二年を置いて、二〇〇〇年から施行された。介護保険の構想にあたっては、政治家、官僚のみならず、「連合」などの労働者団体や「高齢社会をよくする女性の会」のような女性団体がメンバーとなった「介護の社会化を進める一万人市民委員会」などの当事者団体が大きな関与をした。だがこの「当事者」とは当時「介護適齢期」にさしかかろうとしていた介護世代であり、高齢当事者ではなかった。一九八三年に「高齢化社会をよくする女性の会」を設立した代表の樋口恵子は設立時に五〇歳、九〇年代には会員の平均年齢は五〇代から六〇代、介護負担のかかる嫁世代であった。

介護保険とは「利用者中心」を謳《うた》いながら、その実、中流家庭の家族介護の負担軽減が、政策設計の意図であり効果だったのである。

介護保険の「利用者」が高齢者本人よりも家族であることは、施行当初に事業者が「利用者・家族」と併記していたことからもわかる。サービスを受ける当事者である高齢者とその家族とは一体と見なされ、その実、家族の利害が優先された。

介護保険施行直後に各自治体は競って「利用者満足度調査」を実施したが、そのなかから浮かび上がる「希望する介護サービス」のトップは、一位が施設、二位がショートステイ、三位が通所サービスと、多くの自治体で共通していた。これらのサービスを自発的に「希望する」高齢者はほとんどいないにもかかわらず、利用者ニーズがこの三つに集中したことには理由がある。この三つのサービスの共通点は、「年寄りにできるだけ長く家から出て行ってほしい」、「できれば帰らないでほしい」というもの。すなわち家族の求めるサービスだったからである。

日本の介護保険現場では、今日に至るまで当事者と当事者家族の利害が対立した場合には、当事者の利益よりも家族の利益を優先する傾向がある。介護サービス市場において「良貨が悪貨を駆逐する」ことにならないのは、サービスの受益者と購買者が一致しないからである。事業者は当然、購買者の顔色を見る。サービス購入の費用が高齢者の懐から出ている場合でさえ、その金を管理しているのは家族である場合が多い。結果、サービスの質よりも価格訴求《そきゅう》が重視される傾向がある。

在宅サービスには訪問介護がある。訪問ヘルパーに先立って、介護保険以前には、市町村に「家庭奉仕員」制度があった。八九年には、ゴールドプラン、ヘルパー一〇万人計画が立てられたが、急激に進行する高齢化には対応しきれなかった。

家庭奉仕員は自治体に雇用され、準公務員待遇を受けて、生活保護世帯と非課税世帯に派遣されたが、その恩恵を受けるのは限られた低所得層や、当時は例外的だった単身世帯に限られた。サービスの種類と量は、サービス提供者側である自治体の裁量に委ねられていた。これを「措置」と言う。

2章でも述べたが、介護保険は、自治体の判断でニーズの高い家庭にヘルパーを派遣する「措置」から、収入や家族構成にかかわらず、すべての高齢者が自分の選択に応じて受けとることのできるユニバーサルな「権利」へ、税金から無償でサービスを提供する「恩恵」から、保険料を支払って応益負担に応じる「契約」へと移行した。

介護保険が国民健康保険の財政破綻を糊塗《こと》する目的で作られたことはよく知られている。政府は国民健康保険の失敗に懲《こ》りて、保険事業主体を市町村のような基礎自治体とした。当時進行していた地方分権改革のもとで「地方主権」の名において、高齢者介護を、義務教育同様の基礎自治体の基礎的行政サービスとしたが、同時期に行われた行政改革の波のもとでは、公務員削減が至上命令であり、教育公務員なみに介護公務員を採用する選択肢はなかった。

そのため自治体雇用の家庭奉仕員は職を失い、民間の介護事業所に所属するようになった。

その結果、出来高払いの介護保険制度のもとで、ヘルパーの処遇は大幅に低下した。

3　財源と給付

介護保険が成立するにあたって、財源と給付をめぐってさまざまな争点があった。

その第一は税か保険か？　と言うものである。

社会保障は国の責務であるから基本は税負担でが原則、という主張がなされたが、増えつづける高齢者人口を前にして、膨大な財源が必要なことから、医療保険に準じて保険方式を採用することとなり、結果は税と保険の折衷《せっちゅう》方式となった。四〇歳以上の全国民強制加入の国民皆保険で、利用者負担の一割に加えて、残り九割のうち、保険料が二分の一、残り二分の一の半分つまり四分の一が国、さらに残りの四分の一を都道府県と市町村が折半する。消費税値上げにも強い抵抗を示す日本国民から、月額平均三〇〇〇円台(二〇年後の今日、六〇〇〇円台と倍増している)の保険料を徴収することには、実質増税の効果があり、初年度には四兆円規模の介護サービス市場を生み出した。

介護保険のよかった点のひとつは、国民健康保険とちがって、最初から国籍を条件にしなかったことである。一定の条件を満たした外国籍住民にも加入資格を与えた。したがって国民健康保険のように「国民」介護保険とは呼ばない。健康保険も一九八六年に「国籍」条項は廃止されるようになった。税金を払ってその地で暮らしている外国籍住民に、地方自治体が同じ行政サービスを提供するのは当然であろう。

保険事業主体である自治体は、サービス給付を民間の介護保険事業者に外注して、利用者との契約を仲介し、監督する機能に徹した。公定価格のもとに準市場が成立し、ここに企業や社会福祉法人、NPOなど、さまざまな法人格をもつ民間事業者が、「出来高払い」という同一の条件のもとに参入した。介護サービスは公的統制のもとに置かれているとはいえ、市場で売買される商品となったのである。

長い目で見れば介護保険は、福祉のネオリベラリズム改革の一環であったと位置づけることができる。保険料を原資として介護サービス商品市場を成立させ、利用者に応益負担によって商品を購入させるのは福祉の市場化にほかならず、社会保障に対する公的責任を免責するものだからである。介護保険制度は税と保険の折衷方式を採用することによって、公助と共助の中間的な制度となった。

4　介護保険の制度設計

日本の介護保険の制度設計には、以下のような特徴がある。日本の制度はイギリスとドイツの制度をモデルにしたものだと言われているが、そのどちらでもない、世界的に見て独自の、相対的に見て誇るべきものになった。その政策意図と効果について述べたい。

(1)　税と保険の折衷方式を採用したことで、利用者の権利意識を高めたことである。当時はまだ、介護は家族責任と見なされていたために、「家に他人を入れたくない」、「介護を要する老人がいることを知られたくない」と、保険利用を忌避する傾向があった。そのため自治体職員は地域を訪問して、利用の掘り起こしまでやっていた。それが二〇〇五年の介護保険第一回改定期には早くも、利用促進が利用抑制に変わった。わずかな期間で、家族介護の「常識」は変化し、利用者が急増したのである。

(2)　地方分権の名において基礎自治体を保険事業者とすることで、自治体間格差を容認したことである。地方自治体は介護保険に加えて独自の「上乗せ・横だし」サービス(9章の1参照)をつけ加えることができるが、実際にはそれを採用する自治体は少ない。現実には広域行政によってサービス水準が低いほうに合わせられるなどの実態があるが、それまでの「福祉の均霑化《きんてんか》」(どの地域にいても同じ水準のサービスが受けられる)という保障がなくなった代わり、自治体独自の努力が評価されるようになった。したがって保険料も自治体ごとに違い、二〇二四年現在では月額四〇〇〇円台から六〇〇〇円台までの幅がある。

(3) 要介護認定制度を導入したこと。当事者ニーズの判定を要介護度別に1から5まで五段階にわけ、それに応じて給付額の上限を設定した。利用が天井知らずになるモラルハザードを防ぐためと言われるが、ADL(日常生活動作)を基準にした認定制度については当初より認知症者のニーズの判定にそぐわないと批判が寄せられた。認定率を抑制するための誘導が行われるなど課題は多い。また施行後第一回の改定で、要介護1を要支援に置き換えて介護保険からはずし、介護予防事業につけかえるなど、初期から利用抑制が始まった。今日、要介護1の認定を受けるハードルはかつてより高くなっている。

(4) 要介護度別の相対的な給付水準の高さがあげられる。最重度の要介護5で月額利用料の上限が約三六万円という給付水準は、国際的に見ても誇るべき水準にあると言ってよい。ただし、この利用料は介護報酬の価格とトレードオフの関係にある。介護報酬が上がれば、逆に利用できるサービスは減るからである。

(5) ケアマネジャー制度を導入したこと。これには当初大きな反対があった。ケアマネジャー（以下、ケアマネと略称）によるケアプラン作成は無料であり、何度ケアマネを変えてもよいが、ケアマネに依存せずに自分でケアプランを作成することもできるセルフマネジドケアを推進する人々もいた。

ケアマネ制度はイギリスに倣《なら》ったものだが、イギリスとは根本的な違いがある。イギリスではケアマネは自治体雇用の職員だから、彼らの職業的責務は雇用主である自治体の負担を抑制することにある。そのためにケアマネ制度の導入に反対があったのだが、日本の介護保険制度では、ケアマネは自治体に所属しない。「当事者主権」を貫くためには、ケアマネの独立性が保たれなければならないが、報酬単価が低いためにケアマネの事業者所属を認めてしまったことは、制度設計上の欠陥となった。ケアマネは所属事業所に利益誘導するようになりがちで、それを抑制するための制度改正が行われたが、ケアプラン作成事業だけで黒字になっている事業所はきわめて少ない。

(6)　家族に対する現金給付をサービス給付の選択肢に入れなかったことは日本の介護保険の大きな特徴である。ドイツの介護保険には家族給付の制度があるため、日本の介護保険にもそれを導入すべしという議論があった。保険料を強制徴収しながら介護事業者が不足する地域で、家族介護に従事する介護者に、介護保険サービスを使わないことを条件に一定額の現金を支給するというものである。

それに抵抗したのは「高齢社会をよくする女性の会」だった。反対した理由は第一に家族給付を採用すれば多くの女性介護者が現金給付を選択し、結果として介護の担い手が固定化するというもの、第二に現金給付はサービス給付のプロバイダーの育成を妨げる、第三に家族への現金給付はサービス給付の水準より著しく低く、わずかな金額で行政の公的責任を免責することになる、という理由からであった。事実、ドイツにおける家族給付の受給者は五割に達しているが、現金給付を受給している家族がどんな介護を行っているかの監視や管理は、家庭内には届かない。家族給付は家族介護の質を保証しない、のである。

(7)　最後にもっとも大きい制度設計上の効果は、介護労働者を有資格化したことであった。

たとえ一三〇時間程度の初任者研修(旧ヘルパー二級)であっても、それまで非熟練労働と見なされてきたホームヘルパーを有資格化したことは、介護労働者の専門性やプライドを高めたのみならず、利用者の偏見を是正するためにも役立った。

このように、日本の介護保険制度には功罪両面がある。さまざまな可能性と問題をはらんで二〇〇〇年に介護保険はスタートした。それから二四年、介護保険には歴史的検証に耐えるだけの時間が経過したと言えるだろう。

5 意図した効果

介護保険は意図した効果と意図せざる効果とを、ともにもたらした。

意図した効果の第一は、保険料負担による権利意識の向上である。日本人には権利意識が薄いと思われていたが、短期間でその意識は変わった。二〇〇五年の第一回の改定期から、利用促進が利用抑制に転じたことは、その変化を如実に物語る。

第二は保険料の強制徴収による実質増税効果である。これを原資として初年度四兆円規模の介護サービス市場が生まれた。介護保険施行時が、長期にわたる不況のただなかであったことを考えると、これは新たな四兆円市場の誕生を意味し、そこに参入する事業者をうながした。二〇年後、介護保険市場は一四兆円とおよそ三倍以上の規模に達し、不況のもとでは数少ない成長産業部門となった。

民間大手の事業者の参入のみならず、介護保険以前から地域で有償ボランティアによる助け合い事業を実施していたワーカーズ・コレクティブやNPOのような中小零細の市民事業体の多くが、介護保険の指定事業所に参入することで経営が一気に安定する効果をもった。それまで自治体の措置に依存してきた一部の社会福祉法人は、出来高払いという市場原理のもとで経営能力が問われるようになったが、それまでの放漫経営が通用しなくなったということでもあった。

第三に、家族介護の実態が白日のもとにさらされるようになったことである。「高齢社会をよくする女性の会」の代表、樋口恵子は、これを「家族の闇にサーチライトが入った」と表現した。サーチライトとは、潜水艦などが深海の闇のほんの一部だけを照らし出すライトである。それまで家族介護の闇のなかに閉ざされていた虐待やネグレクトが、第三者の目が入ることによって「見える化」し、これが二〇〇六年から施行された「高齢者虐待防止法」につながった。家族介護がよきものとは限らない、という実態は、こういう事実によっても明らかになった。

最後に、上野以外の論者が指摘することは少ないが、介護が対価をともなう労働になったという「常識」の変化をあげておきたい。介護保険以前の家族介護、その多くは嫁の介護だが、それを上野は「対価なき介護、評価なき介護、感謝なき介護」と呼んできた。「高齢社会をよくする女性の会」を率いた樋口の動機にも、嫁による介護殺人や、自治体の「孝行嫁表彰」に対する怒りがある。

介護保険の導入で市場から調達する介護サービスが有償であることがわかれば、ひるがえってそれまで世帯内で行われていた介護労働が無償であったことの問題化が起きる。誰がやろうと「ケアはタダじゃない」という「常識」が国民のあいだに定着したことは、大きな変化であった。

6　意図せざる効果

介護保険はまた意図せざる効果をも、もたらした。

第一に権利意識の向上は、「家族利用者」の権利意識をも高めることで、施設志向を強めた。介護保険はもともと家族介護の負担軽減による在宅介護の推進であったはずだが、家族には高齢者の施設入居を望む傾向があった。障害者福祉が脱施設化をめざしているのとは逆に、高齢者介護では施設化が強まった。北欧福祉先進国ではこれ以上高齢者施設を作らないという脱施設化の動きが起きているのに、日本の動きはそれに逆行していた。

事実、介護保険財政のうち前半の一〇年間は施設系の費用が在宅系の費用を上まわり、その後逆転している。後半になって在宅系が増えたのは、施設の総量規制が行われただけでなく、この期間に高齢者の夫婦世帯と単身世帯とが増えたという世帯構成の変化による。上野の調査によると「家に他人を入れたくない」抵抗感は、本人より家族のほうに強い。その抵抗感を持つ介護家族が不在になり、高齢化によって本人ニーズが高まれば、在宅サービスの利用を拒否する理由はない。

介護保険以前には、施設入居には「姥捨てスティグマ」がつきまとっていた。二〇〇三年に厚労省が全室個室のユニットケア型「新型特養」の建設を推進したことで、高齢者施設は個室がデフォルトとなって居住条件や設備が大幅に改善された。病院と違って高齢者施設は生活の場であるという考えから、高齢者の尊厳ある暮らしには「個室」が前提とされたのである。

にもかかわらず、そのわずか三年後、二〇〇六年に厚労省は個室に「ホテルコスト」(室料)を課すと方針を転換した。在宅の高齢者が住宅コストを自己負担していることに合わせて、「公平」を期すためだとされた。新型特養への転換を進めた事業者は、「二階に上がってから梯《はし》子《ご》をはずされた」と怨嗟《えんさ》の声を寄せた。

個室特養利用料はほぼ倍額になり、その負担に耐えられない利用者は多床室への移動や退去を余儀なくされた。この多床室ですら、近年の改悪案では居室料を有償化されようとしている。いったんは個室ケアが高齢者介護の基本というスタンダードが成立するかにみえたが、それも「貧乏人は多床室へ行け」とばかり、負担能力に応じた差別化が起きている。

第二の効果は、応益負担による利用抑制である。介護保険の一割負担でさえ負担の重い世帯にとっては、「措置」時代に得ていた行政サービスが得られないことで、介護保険以後、サービスは明らかに低下した。

介護保険が貧困層対策をもたないことをもって、介護保険法をきびしく非難する論者がいるが、それは介護保険自体の欠陥ではない。介護保険は高齢者にサービスの購買力があることを前提としており、低年金や無年金のためにサービスの購買力をもたない高齢者を想定していなかった。高齢者の貧困は年金制度の欠陥であって、介護保険法の欠陥ではない。貧困層対策は介護保険とは別に実施されなければならなかったが、それが十分ではなかった。これは意図せざる効果というより、制度から予想された効果だった。

第三の意図せざる効果は、低額サービスへの利用の集中であった。当初、訪問介護は身体介護と家事援助の二本建てとなっており、前者は一時間四〇二〇円、後者は一五三〇円(後に生活援助と改称してからは二二五〇円)と大きな価格差があった。身体介護が相対的に高額に設定されたのは「保険あってサービス無し」の批判を恐れた政府が、業者の参入をうながすためだった。

現場の声は、どこからどこまでが身体介護でどこからが家事援助かは線引きできない、一本化して中間の価格に設定してほしいという切実なものだったが、今日に至るまで実現していない。フタを開けてみると利用者のニーズは低価格帯の家事援助に集中した。

もともと地域最低賃金レベルの「コミュニティ価格」で有償ボランティア事業を実施していた市民事業体にとってはプラスだったが、管理コストを含めれば多くの事業体にとってはぎりぎりの収支だった。その後、訪問時間の二〇分以下、二〇分以上四五分未満、四五分以上などへの細切れ化や、たびかさなる報酬改定(切り下げ)などで訪問介護事業所は追いつめられ、きびしい人手不足に陥っている。

7　サ高住という抜け道

介護保険施行後、高まる施設入居のニーズに対して、コストのかかる高齢者施設の建設には自治体が総量規制をかけ、そのため特養への待機高齢者の人数は三桁に上るなど入居難がつづいた。

二〇一五年には「医療・介護一括法」によって特養入居基準が要介護3以上と厳格化され、そのため待機高齢者数は前年度の五二万四〇〇〇人から三四万五〇〇〇人へと激減したが、これは入居資格の変化による数字合わせというほかない。要介護1、2の高齢者は施設入居の選択肢を失った。

その間隙を衝《つ》いて登場したのが、サ高住ことサービス付き高齢者住宅である。それ以前からあった高齢者専用住宅、優良高齢者専用住宅などの乱立をまとめて、初めて国交省と厚労省にまたがって管轄が行われる「高齢者住まい法」が成立したのが二〇〇一年、二〇一一年には全面改正された。折からの不況で需要の低迷にあえいでいた建設業界が、ノウハウも経験もない介護事業に乗り出した。これに政府は一戸当たり七〇万から一三五万、施設部分には一〇〇〇万円になる補助金を出して建設を奨励した。業態は不動産賃貸業だが、「住宅」と銘打っているからには、専用面積は二五平米以上、そこに台所、トイレ、風呂の水回りが必須とされた。だがこれにも、共用の台所や食堂が設置されている場合は一八平米以上二五平米未満でもよいという抜け道も用意された。住宅というには、あまりに劣悪な基準である。

「サービス付き」のサービスの内容は、安否確認の見守りサービスとゴミ出しなどの生活支援サービスのほか、必要に応じて食事提供サービスがあるが、さまざまな追加的サービスはすべて有料である。何より施設との大きな違いは、個人の住宅である居室内での事故は、すべて自己責任とされたことである。

要介護になれば、これに訪問介護、訪問看護、訪問医療が上乗せされ、月額負担は二五万〜三〇万にのぼる。住宅というハードに医療と介護というソフトを加えたこの複合型の事業モデルは、目下事業者にとってもっとも収益性の高いモデルとなっている。しかも「自立型」とか「住宅型」サ高住と称するところでは、要介護になったら退出をうながすところもあり、看取《みと》りまでの保障がない。

「最期まで在宅で」という理念は換骨奪胎《かんこつだったい》され、行き場のない高齢者は狭い居住空間に集住を強いられ、それさえ負担能力がなければ手に入れることができない。それでもサ高住はあっというまに普及し、一部の地域ではすでに供給過剰や市場飽和状態が起きている。それも独居の在宅生活への不安がもたらしたものである。

8　脱施設化へ

障害者の運動は「自立生活」のスローガンのもとに、施設から地域へという「脱施設化」の動きを示してきた。障害者の「自立」と高齢者の「自立」の概念が一八〇度違うことはくりかえし述べた。本書でこれまで論じてきたように、力強い障害者運動のおかげで、日本は二四時間要介助の重度の障害者が独居の生活を送ることのできる社会となった。それならなぜ高齢者にそれができないのだろうか？　日本の高齢者は、脱施設化どころか、施設化、集合生活、管理主義を強いられている。

加齢現象は、すべての人がなにがしか中途障害者になることを意味する。その障害のなかには、カラダ、アタマ、ココロの一部もしくは全部の集合がある。下り坂を降りていく高齢者は、障害者自立生活の経験に学ぶことが大きいのではないだろうか。

にもかかわらず、これまで高齢者福祉と障害者福祉の相互の壁は高かった。行政に縦割りの壁があるのみならず、高齢者は障害者のことをよく知らず、障害者も自分自身が高齢者になるまで高齢者のことをあまり知らなかった。

だがそれ以上に、高齢者の側に「あの人たちといっしょにされたくない」という障害者に対する差別視があると思えてならない。障害者手帳の発行の条件は、障害が半年以上固定した後に、それ以上回復や変化が望めないことにある。ならば脳梗塞などで後遺障害が残り、それが半年以上固定すれば障害者認定を受けることができる。それさえあれば、介護保険より有利な障害者総合支援法のサービスを使う資格ができるが、それを勧めても本人または家族が受け入れない傾向があるという。

中途障害者が先天性の障害者と違うところは、先天性の障害者にとっては障害はデフォルトであって「不便であっても、不幸ではない」。だが中途障害者は、誰よりもまず自分が、かつて「できた」ときの自分と今の自分を比べてしまう。その悔しさ、無念さ、歯がゆさが障害の受容を妨げる。これまで障害者差別をしてきた自分の視線が、自分自身に向けられる。差別のなかで自己差別ほどきびしいものはない。

障害者運動からの高齢者に対する反発は、そうした差別視を感じるからであろうし、それだけでなく当事者として権利を闘ってかちとってきたプライドからすれば、日本の高齢者が当事者性をもたないことに対する批判もあるだろう。これまでのところ、介護保険における当事者ニーズとはもっぱら「家族ニーズ」のことであり、高齢当事者は主体となってこなかったのである。その事実は介護保険の欠陥や限界によく現れている。

12章　（増補）介護保険の達成と危機

1　現場の進化

介護保険にはさまざまな欠陥や限界があるとはいえ、介護保険二四年間の成果は、確実に現場の進化をもたらした。当事者ニーズから生まれた事業が、サービスメニューを増やし、制度を変えていった。

そのひとつが「富山型」と呼ばれる「小規模多機能共生型サービス」である。介護保険以前、一九九三年に富山赤十字病院を退職した三人の看護師が、長期化する社会的入院の高齢者のために、地域での受け皿として創設した「この指と〜まれ」は、「(ニーズのある人を)誰も断らない」をルールに、子どもから障害者、高齢者までを受け入れた。開所当日の朝、障害のある子どもを連れた母親が来て、「どこも預かってくれるところがないから」と子どもを置いていった。そこから「子どもからお年寄りまで」の「共生型」が始まった。

当初は、高齢者福祉、障害者福祉、児童福祉のタテワリの壁に阻まれて行政からの支援を受けることができなかった「富山型」も、県と市を巻き込んで二〇〇〇年代初めの小泉改革当時の「とやま地域共生型福祉推進特区」に申請し、認められた。「共生型」と呼ばれるこのルールは、のちに全国に適用されるようになった。これは地方の一事業所の実践が、全国のルールを変えた例である。また二〇〇五年には「小規模多機能型」は、介護保険事業のうち「地域密着型サービス」として、介護保険のメニューに組み入れられるようになった。

創業者の惣万《そうまん》佳代子と西村和美のふたりは、九八年に「富山型民間デイサービス連絡協議会」を発足し、二〇〇三年には「富山ケアネットワーク」と改称して、行政との交渉窓口とした。二〇〇二年からは「富山型民間デイサービス起業家育成講座」を実施し、事業者のタネを蒔《ま》いた。起業家育成講座には全国から受講者が集まり、起業率は六割を超すという。

現在「富山ケアネット」には七一団体が加入し、また毎年「地域共生ホーム全国セミナー」を開催している。大きな設備投資を必要としない民家活用型の小規模多機能型介護は、目の届く範囲で高齢者をお世話し、場合によっては看取《みと》りまでを実践する、世界的にも稀有《けう》な例として、日本が独自に生み出したものである。

宮崎県では「地生え」の市民事業である「ホームホスピス宮崎 かあさんの家」が二〇〇四年に創立された。業態は家を一棟借り上げ、部屋割りして五人程度の少人数の高齢者に貸し出す「貸室業」である。そこに訪問介護、訪問看護、訪問医療に加えて夜間見守りを入れ、最期まで看取る事業を「ホームホスピス」と呼んだ。多くのがん患者や高齢者が在宅を希望しながら病院から退院できない状況を打開したいと、市原美穂をキーパーソンとして、市民が医療関係者と長年にわたって勉強会を積み重ねてきた成果だった。その後、ホームホスピスのニーズの高まりを受けて、各地に類似の事業が増えるにつれて、質の管理を問われるようになり、市原らは「ホームホスピス」を商標登録し、「全国ホームホスピス協会」を設立するに至った。二〇二四年現在、全国で四五団体が協会の認可を受けている。

また二〇一一年には地域密着型事業に「定期巡回・随時対応型訪問介護看護」も登場した。一ヵ月丸めの料金で二四時間定時および随時に対応してもらえるサービスは利用者にとっては福音だが、負担額が重いために利用者が増えず、また事業者泣かせであるためになかなか普及しない。結果、少数の良心的な事業者が赤字覚悟でがんばっている地域を除いて、使いたくても使えない「絵に描いた餅」となっている。

興味深いことに、「小規模多機能型施設」が介護事業に含まれ、「通い・泊まり・訪問」の「多機能」を一括して提供する事業として認定されたとき、「富山型」の創業者である「この指と〜まれ」はその認定を避けている。また「ホームホスピス宮崎」も介護保険事業の傘下に入ることを拒んでいる。いずれも事業に制度の制約が入ることを嫌ってのことだが、これらの対応は、自生的な当事者ニーズに応える現場の実践が、制度化されることを通じて、当初のねらいとは似て非なるものになることを示している。制度化によって、要求したものとは違うものを差し出されることもあるのだ。

「小規模多機能型」も「ホームホスピス」も、施設や病院ではなく、自宅かそれに近い環境で高齢者に安らかな最期を送ってもらいたいというものだった。その点では、この二四年のあいだに、在宅看取りの現場が格段に進化したことは特筆すべきであろう。訪問介護、訪問看護、訪問医療の「多職種連携」によって、介護保険以前には考えることもできなかったおひとりさまの在宅死が可能になった。

介護保険施行時の高齢者の子どもとの同居率は四九・一％、二〇一九年には二九・四％へと激減し、代わって夫婦世帯率三二・〇％、単身世帯率二八・八％(二〇二一年)へと、高齢者の世帯構成は大きく変化した。介護保険の設計意図が家族介護の負担軽減であることはすでに述べたとおりで、当初介護保険は独居の看取りを想定していなかったが、二〇年余の現場の変化と実践の積み重ねによって、かつて不可能であったものが可能になったのである。

二〇年余のあいだに政府の誘導もあって訪問医は各地に増え、訪問看護事業所も増加したのみならず黒字に転じ、訪問看護への認識も高まった。医師法の縛りによって看護師はあいかわらず「医師の指示のもとに」動かなければならないが、医療の介入が抑制される終末期の現場では、看護師の裁量が大きな役割を果たす。地域密着型に看護を組みこんだ「多職種連携」のもとで、「看護小規模多機能型居宅介護」や「定期巡回・随時対応型訪問介護看護」のようなサービスがあれば、在宅で死ぬことも不可能ではなくなった。

介護保険施行二四年間における現場の進化、介護労働者のスキルの向上、人材のプールは、日本が世界に誇ってよい財産である。

2　危機に直面する介護保険

以上のように、介護保険が日本社会にもたらした影響は多大なものであった。今や多くの高齢者とその家族が、介護保険の恩恵を受けている。制度設計にどんな限界や欠陥があろうとも、私たちはもはや介護保険のない時代には戻れない。

その介護保険が危機を迎えている。介護保険法が五年に一度の見直しと三年に一度の報酬改定を制度に組み込んでいることはすでに述べた。二〇〇五年から始まる第一回改定以後、制度の改定の歴史は、ほぼ改悪に次ぐ改悪の「黒歴史」と言ってよい。

二〇〇五年の第一回改定では早くも要介護1を要支援に置き換える「軽度者はずし」が始まった。二〇〇七年に起きたコムスン事件を受けて、二〇〇八年第二回改定では法令遵守や事業所認定取り下げが厳格化された。二〇一一年の第三回改定では「地域包括ケア」の推進が謳《うた》われ、「総合事業」と称する介護予防・日常生活総合支援事業が実施されるようになった。二〇一四年の第四回改定では、要支援1、2を介護保険外の「総合事業」に移行しただけでなく、生活援助の回数制限、特別養護老人ホームの入居条件を要介護3以上とする厳格化が起きた。このときから応益負担に加えて所得に応じた応能負担がスタートし、利用者負担率二割の対象者が登場した。二〇一七年の第五回改定では、介護保険からの「卒業」を目標に要介護認定率の自治体間の下方競争を煽《あお》る「インセンティブ交付金」が支給されるようになった。また応能負担が強化され、「富裕層」に対して利用者負担率三割も適用されるようになった。

二〇二〇年の改定に当たって、それまでの改悪の水準を超える改定案が出てきたために、上野が理事長を務める「認定NPO法人ウィメンズアクションネットワーク」(WAN)と、樋口恵子代表(当時)の「NPO法人高齢社会をよくする女性の会」(WABAS)とが共催して「介護保険の後退を絶対に許さない!」抗議集会を実施し、衆議院議員会館定員三〇〇名の大ホールを介護事業者、ワーカー、研究者、利用者と家族らで満杯にした。二〇二〇年一月一四日、まだ「三密」を避けることが求められない、コロナ禍の前夜であった。

改悪案の内容は⑴要介護1、2を総合事業と連続(将来における要介護1、2の介護保険はずしを見据えたもの)、⑵ケアプランの有料化、⑶利用者負担率二割の対象拡大というもの。この集会の内容は『介護保険が危ない!』(岩波ブックレット、二〇二〇年)に収録されている。巻末に収録した抗議声明には「このままではおうち(在宅)がだんだん遠くなる」と危機感が表明された。

二〇二〇年三月から、政府の全国一律一斉休校要請をもって未曽有のコロナ禍に突入。介護現場は大混乱に陥った。そのためか、二〇二〇年改定では先の改悪案はすべて「先送り」となった。

3 コロナ禍のもとの介護事業

コロナ禍は介護現場に大打撃を与えた。感染リスクを恐れて施設はただちに閉鎖、家族の面会を禁止または制限した。高齢者が出入りする通所介護は、もっとも感染リスクが高いとして閉鎖。もともと中小零細の事業所が多かった通所系の事業所は、休業、廃業、倒産が相次いだ。コロナ禍渦中の二〇二一年四月には通所施設の閉鎖・休業は八八三事業所、同年五月には休業四五五件、倒産一八八件にのぼった(東京商工リサーチ調べ)。

施設にも入れず、通所もできない高齢者を支えるのは、訪問介護しかない。訪問ヘルパーは発熱した高齢者の自宅へ、感染リスクを冒して支援に通った。ひとり暮らしの高齢者にとっては訪問介護は命綱、なくては食事も排泄もできない人たちもいた。

だが、コロナ禍対策の最前線を担った医療関係者には賞賛も評価も与えられる一方、コロナ対策の情報も防具も、介護現場には届かなかった。ワクチン接種の優先順位も医療優先、介護現場では施設優先で、訪問介護は後回しにされた。いったんヘルパーから感染者が出れば、事業所は一週間以上の休業を要請された。そのあいだの収入の保証はなく、足腰の弱い事業所は倒産に追いやられた。感染リスクを恐れて離職するヘルパーもいるなか、それでなくても人手不足に喘《あえ》いでいた介護事業所は、さらなる困難に直面した。それによって打撃を受けるのは利用者である。

介護事業のなかでも訪問介護は、もっとも割のわるい条件下に置かれている。「不況業種」と呼ばれて好況期には離職が増え、不況になると入職者が増えると厚労省が予測した訪問ヘルパーの有効求人倍率は、コロナ禍直前で一三倍、コロナ禍のもとでも予想に反して一五倍に上昇した。そのくらい、人がやりたがらない職種なのである。

二〇二〇年四月、人手不足対策に厚労省が出した通達は、関係者を唖然とさせた。それまで有資格職だった訪問ヘルパーに、無資格者を使ってよい、としたのだ。医療現場の人手不足には退職看護師や保健師、看護系の大学院生を使うように勧める厚労省は、医療に無資格者を使ってよいとは決して言わない。にもかかわらず、介護現場には無資格者を許容する厚労省は、介護保険の政策設計者の介護労働観が、成立時と少しも変わっていないことをあらわにした。それは介護は誰にでもできる非熟練労働だ、というものである。そこに「女なら」がつくことだろう。この労働観は、介護労働者の低賃金に反映されている。

介護事業所は感染症対策や防具の整備に追われたが、そのコストは事業所負担となった。わずかに厚労省の通達で、利用者の利用料を要介護度二段階引き上げて請求してもよい、としたが、そうなれば利用者の負担も上がるため、現場では事業者と利用者との利害が対立する構図になった。したがって利用者に配慮する事業者のなかには、このしくみを採用しなかった者もいる。

その後、訪問介護にはコロナ対策の手当がついたが、それも利用者の要請を断らないという誓約書つきだった。医療優先で置き去りにされた介護現場には、多くの憤懣《ふんまん》がうずまいたが、その事業者とヘルパーの奮闘で、コロナ禍のもとの在宅高齢者の命が守られたのである。

訪問ヘルパーの人手不足は、ヘルパーの労働条件が低すぎることにある。二〇一九年には三人の訪問ヘルパーが原告となって、国を相手どって賠償請求する「ヘルパー国賠訴訟」が起こされた。制度設計の限界から、ヘルパーには待機時間、移動時間、キャンセル等の対価がまったく支払われず、利用者宅に入った時間分の出来高払いになっている。しかも利用時間は二〇分、四五分と細分化された。原告の調査によると、労働時間のうち利用者宅以外で過ごす時間はおよそ四〇%にのぼり、報酬を時間数で割ると地域最低賃金を割ることが明らかになった。しかし国の答弁は「介護保険は労働者保護を目的としていない」という驚くべきものだった。労働政策を扱う同じ厚労省の所管であるにもかかわらず、政策の一貫性を欠くというほかない。

訪問ヘルパーが低賃金なのは、訪問介護の報酬設定が低いからである。訪問介護の報酬設定が低いのは、訪問介護という労働の評価が低いからである。高齢者の生命と暮らしを支える訪問介護の評価が低いのは、畢竟《ひっきょう》、高齢者の処遇が貧しいからである。同じことは障害者の処遇についても言える。この国はケアを必要とする人々をないがしろにしてきたのだ。

4　崖っぷちの介護保険

それから三年後の二〇二四年改定期に向けて、二〇二二年には社会保障審議会介護保険部会のテーブルに、再び同様な改悪案がさらに露骨なかたちで登場したために、「ウィメンズアクションネットワーク」と「高齢社会をよくする女性の会」が共催し、二〇二〇年集会をきっかけに立ち上げた「ケア社会をつくる会」が中心となって「史上最悪の介護保険改定を許さない

!!」という連続アクションを実施した。コロナ禍のもとで進展したオンライン化のおかげで、この連続アクションは一〇月五日第一回「総論『利用者の原則二割負担とケアマネジメント有料化』を中心に」、一〇月一九日第二回「『要介護1、2の総合事業移行、福祉用具の買い取り』を中心に」、一一月三日第三回「介護施設の職員配置基準をICTで引き下げることはできない」、一一月一〇日第四回「訪問医療・看護の現場から——介護がなければ在宅医療はできない」と計四回をすべてYouTube配信し、最終回の一一月一八日衆議院議員会館における院内集会はハイブリッドで実施した。アクセス総数はのべ四万回を超え、大きな注目を集めた。

その効果があったのか、今回の改悪案、(1)利用者負担率を原則一割から二割へ、(2)ケアプラン作成有料化、(3)要介護1、2の介護保険はずし、(4)福祉用具の買い取り拡大を、すべて「先送り」にすることができた。また年度内に出すはずの答申も「先送り」になった。この二〇二二年度のアクションの前回との違いは、それまで在宅系の介護関係者だけだったネットワークに、施設系関係者が参加したことである。施設においても「生産性向上」の名において職員配置基準の「柔軟化」という重大な改悪が行われようとしていたからである。これらの抗議アクションの内容は、『史上最悪の介護保険改定?!』(岩波ブックレット、二〇二三年)に収録されている。

翌二〇二三年、前年度とほぼ同様な改悪案がふたたび審議会のテーブルに登場した。二〇二四年第七回改定期へ向けて年度内に答申が求められていることはわかっていたので、全力をあげて抵抗すべく、再び一一月二一日「このままでは保険〝詐欺〟になる～介護保険は崖っぷち」と題して、オンライン配信で院内集会を実施した。リアルタイムのアクセスは一〇〇〇を超えた。

介護保険は国民強制加入の保険事業である。保険料を強制徴収されていながら、保障の内容が次々に切り下げられ、契約内容が勝手に変わっていくのは、これが民間事業者なら「保険詐欺」というほかかない。国がそれと同じことをやっている、と私たちは主張した。二〇一五年には介護保険制度創設に関わった元厚労省老健局長の堤修三が早くもこのままでは「国家的な詐欺」になりつつあると、警鐘を鳴らした。この介護保険の危機に対して全国紙やTV局のようなマスメディアの感度は鈍く、私たちはオルタナティブなネットメディアであるポリタスTVやArc Timesを巻きこんだ。

5　乗り越えた、三つの分断

抗議アクションに参加した訪問医の中野智紀医師は、これまでの高齢者福祉には、(1)現場と研究の分断、⑵施設と在宅の分断、⑶高齢と障害の分断の「三つの分断」があったと指摘する。今回のアクションの大きな成果は、この「三つの分断」を乗り越えることができたことである。

⑴ 現場と研究の分断については、上野だけでなく、「ヘルパー国賠訴訟」の理論的・実証的裏づけをサポートしてきた若手の社会学者、山根純佳が参加したことで現場との協働を図ることができた。

⑵ 施設と在宅の分断については、施設の職員配置基準の「柔軟化」に危機感を抱いた施設関係者が積極的に関与し、在宅系事業者との共闘が実現した。

⑶ 高齢と障害の分断についても、これまでの「高い壁」を越えて、障害者団体と高齢者団体とが抗議の共同声明を出すことができた。

二〇二四年は介護報酬のみならず、障害者サービス報酬、診療報酬の改定が同年に集中する「惑星直列年」と呼ばれていた。障害者団体は、介護保険の報酬切り下げが障害者サービスへも波及することに危機感をもって、政府の動向を注視していた。二三年一二月一四日には、介護保険改悪阻止アクションを牽引してきた団体「高齢社会をよくする女性の会」、「ウィメンズアクションネットワーク」、「認知症の人と家族の会」などに加えて、「日本障害者協議会」、「きょうされん」(「(障害者)共同作業所全国連絡会」を改称)が連名で「介護保険法・障害者総合支援法の改悪に反対する緊急抗議声明」を厚労省宛に発出し、記者会見を行った。高齢と障害の団体がこれまでの「壁」を越えて共闘したことは、歴史的にみて画期的なできごとであった。それほど両者の現場の危機感が深かったのである。

その成果があったのか、今回の改悪案も次期改定年度二七年までは「先送り」となった。

しかし、その後二四年二月に社会保障審議会から答申案が公表されたとき、抗議アクションを実施してきた私たちは、その内容に驚愕した。介護保険の報酬全体は一・五九%の切り上げ、これはコロナ禍のもとで高齢者を支えぬいた介護事業に対して、減額はありえないと思われたために当然と受け止められた。だが一・五九%の増額は物価上昇率二%以上に及ばないばかりか、最低賃金の値上げ幅にも追いつかない。

介護報酬は創設以来二〇年間、ほとんど上昇していないと言ってよい。その一・五九%増の配分は主として赤字経営だった施設側に配分され、おどろくべきことに訪問介護が報酬切り下げとなったことに、関係者は呆然とした。訪問介護、夜間訪問介護、定期巡回訪問介護のすべてが報酬切り下げとなった。すでに崖っぷちに立っていた訪問介護事業を、「崖っぷちから突き落とす」ような改悪だった。

審議会答申案は、その後パブリックコメント募集期間を経て、同年三月に正式決定となった。この改定案の撤回を求めて、「ケア社会をつくる会」は三月八日に「崖っぷちから突き落とされる介護保険～これではもたない、在宅も施設も～」と題する抗議集会を実施し、緊急抗議声明を発表した。記者会見には介護関係者のみならず障害者団体も参加し、両者の連携は強まった。

この先三年間、次期報酬改定期までこの状態がつづけば、訪問介護事業所の閉鎖、廃業が続出することが予測される。すでにこのままではやっていけないと事業からの撤退を決めた事業者もいれば、人手が足りないために新しい利用者を断っているという事業者もいる。上野はその著書で「在宅ひとり死」を唱えてきたが、そのための条件は、介護保険のサービス水準が今の状態を保つことができれば、というものだ。その維持が可能かどうかは、予断を許さない。

6　再家族化と市場化

以上の改悪案を通じて見えてくるものは何か？

政府の改悪案は、世論の動向を見ながら出したり引っこめたりするために、全貌が見えにくい。だが、介護保険改定黒歴史の全過程を通して見えてくるのは、「負担と給付のバランス」

の名において、「負担の増加と給付の抑制」の一途をたどってきたことである。おそらく政府のシナリオは以下のようなものだろうと推定される。

(1)　要介護1、2を介護保険からはずして、要介護3以上の三段階程度の重度者に限定する。
(2)　身体介護に限定し、生活援助やデイサービスなどは介護保険からはずして、低価格の「地域総合事業」に移行する。
(3)　応能負担の割合を増やし、利用抑制を図る。
(4)　ケアプラン作成の有料化によって、サービス利用のハードルを上げる。

その効果は、利用抑制と介護の質の劣化であることは目に見えている。

介護保険サービスを利用する制約が大きくなれば、何が起きるだろうか？

そのひとつは再家族化、もうひとつは市場化であろう。順に論じよう。

介護保険は「介護の社会化」の第一歩であった。巨大な「一歩」だったが、介護のすべてを社会化したわけではない。すでに述べたように、家族介護を前提としてその負担軽減を図るのが政策意図であった。社会化とは別の言葉で言えば「脱家族化」とも言える。上野は介護保険の成立を「家族革命」と呼んだが、それは「介護は家族だけの責任ではない」ということに国民的合意が成り立ったからである。

介護サービスの利用に制約が増えれば、その結果起きるのは、もう一度家族に負担を押し戻す「再家族化」である。介護保険が成立した後も、家族の介護責任はなくなっておらず、家族による介護殺人や虐待は枚挙に暇《いとま》がないのみならず、介護離職やそれにともなう経済的損失も増えるであろう。すでに「ビジネスケアラー」と呼ばれる、就労しながら介護責任を背負っている人々が三〇〇万人近くに達するというデータもある。裏返して言えば、これらの人々が離職せずに就労を継続できているのは介護保険のおかげでもある。

だが介護保険施行後二〇年余のあいだに、高齢者世帯の世帯構成が大きく変貌し、家族という介護資源がいちじるしく弱体化したことはすでに述べた。では「再家族化」によって家族に頼る選択肢のない高齢者は、どうすればよいのか？

もうひとつの選択肢が「市場化」、すなわち保険内で不足するサービスを、市場で商品として購入するというものである。政府が介護サービスの市場化を射程に入れていたことは、医療保険では認められていない保険内と保険外の「混合利用」を当初から認めただけでなく、積極的に推奨していたことからもわかる。また保険内利用と保険外利用とをともに引き受けている事業者は、建て前上は保険外利用は保険内サービスの本人負担が一〇割になるところを、価格帯を変更してそれより低料金で保険外サービスを提供している。保険外サービスの利用が増えれば、事業者の収益はさらに減るだろうし、それでなくともすでに人手不足で余力のない事業者は、保険外サービスを引き受けることができないだろう。

生活援助が介護保険からはずされれば、それを補う保険外サービス市場が成立するであろう。これまでも述べたように有償ボランティアによる助け合い事業のような地域最低賃金に近い価格で提供してきたサービスを、市場から利用者が購入することになるだろうが、そもそもそのような有償ボランティアの担い手が払底《ふってい》しているおり、供給は期待できない。そこに外国人労働者を入れようとする動きがあるが、円安の進行によって、日本はすでに外国人人材にとって魅力のある労働市場とは言えなくなっているかもしれない。

日本の高齢者は平均して二四一四万円の貯蓄を保有しているという(二〇二二年、総務省。ただし中央値は一六七七万円)。彼らは老後不安のためにその貯蓄を使おうとしない。それを放出させて内需拡大しようというのが政府、とりわけ経産省のシナリオなのだろう。

その効果は、準市場のもとにおかれた公定価格の有資格職による「保険内サービス」と、その外にある自由市場のもとの「保険外サービス」の二重市場化である。保険外市場においては従事する労働者の資格は問われず、質の管理も行われない。結局、価格訴求によって競争が起き、「悪貨が良貨を駆逐する」現象が起きるであろう。介護保険ののぞましくない将来として、上野が想定してきたこれまでの予測が、次々に現実化しつつあるように思えてならない。

「老後の沙汰も金次第」……これが私たちを待ち受けている近未来である。「再家族化」も「市場化」も選べない高齢者を待っているのは、在宅という名の「放置」であろう。私たちは、コロナ禍のもとで「在宅療養」という名の「放置」の現実を、まざまざと目にしたばかりだ。

7　介護保険はどこに向かうのか

介護保険とは何だったのか？

介護保険法が成立したのは一九九七年。九四年に計画されてから紆余曲折《うよきょくせつ》を経て成立したが、九〇年代半ばとはどういう時代だったのか？

国民強制加入の公的保険には健康保険、年金保険、介護保険があるが、そのうち国民皆保険である健康保険を、医療経済学者の二木立《にきりゅう》は「国民統合の最後の砦」と呼ぶ。というのも保険とは共済事業、すなわちリスクと負担を国民のあいだで再分配する共助の理念にもとづくものだからだ。病気知らずの健康な者にとって健康保険は不公平というほかないし、介護の必要もなく突然死する人にとっても介護保険は無用である。保険とはリスクの高い者と低い者とのあいだで、負担を分担する「社会連帯」の理念の表現である。「社会連帯」が成り立つ前提条件は、国民のあいだに同質性が高く、相対的に格差が小さいことである。格差の大きい社会ではリスクの分配格差も大きいために、富裕層が貧困層のリスクを引き受ける「社会連帯」が成立しにくい。その社会連帯に対して、九〇年代半ばには国会で国民的合意が成立したのである。

介護保険法第一条にこうある。

「この法律は、加齢に伴って生ずる心身の変化に起因する疾病等により要介護状態となり、入浴、排せつ、食事等の介護、機能訓練並びに看護及び療養上の管理その他の医療を要する者等について、これらの者が尊厳を保持し、その有する能力に応じ自立した日常生活を営むことができるよう、必要な保健医療サービス及び福祉サービスに係る給付を行うため、国民の共同連帯の理念に基づき介護保険制度を設け、その行う保険給付等に関して必要な事項を定め、もって国民の保健医療の向上及び福祉の増進を図ることを目的とする。」

条文にははっきり「国民の共同連帯」と謳われている。その「国民の共同連帯」が成り立たない社会が、アメリカのように極端に格差の大きい社会なのだ。

それから四半世紀。介護保険改悪の動きのうち、高齢者福祉の「再家族化」は、「子が親を看《み》る日本の美風」を壊すと施行時に介護保険に反対した保守系政治家に歓迎されるだろう。他方、福祉の「市場化」は、「自己決定・自己責任」のネオリベラリズム改革のシナリオに沿ったものである。政治が急速に保守化した二〇〇〇年代以降、さらにネオリベ改革のもとで格差拡大が進行した今日の日本社会で、現在の国会の勢力配置のもとで同じ介護保険法が国会に上程されたとしたら、それに対する国民的合意は成立するだろうか?

もしかしたら……九〇年代半ばというのは、国民のあいだに「社会連帯」の合意形成が成り立つ歴史上最後のチャンスだったかもしれない。奇跡と言ってよい。

その政策立案過程を七〇のドラマ仕立てで生き生きと描きだしたジャーナリストの大熊由紀子は、「介護保険制度は、崖の上に、危ういバランスで、やっとのことで建てられた家に似ています」と指摘する。その介護保険は「崖っぷち」に立たされ、さらに「崖から突き落とされ」ようとしている。それを守るのもまた、当事者である私たちの選択にほかならない。

13章　（増補）＃MeToo 以後の女性運動

1　声をあげた性暴力被害者

当事者概念は、それまでの女性の沈黙に声を与える効果をもった。女性のあいだでももっとも声をあげにくいのが、性暴力被害当事者である。性暴力は被害者が登場しないことで「見えない犯罪」となってきた。それというのも性暴力被害はしばしば社会によってスティグマ化され、被害者がバッシングの対象となるだけでなく、被害者にとって深刻なトラウマとなって、記憶や想起を妨げるからである。その被害者の「見える化」の肩を押したのが、世界的な＃MeToo運動であった。

二〇一七年に「ニューヨーク・タイムズ」紙のふたりの女性記者、ジョディ・カンターとミーガン・トゥーイーが丹念な調査報道のなかで、ハリウッドの大物映画プロデューサー、ハーヴェイ・ワインスタインによる長期にわたるセクシュアル・ハラスメントを告発した。このふたりの活躍は、その後「She Said」として映画化された。これに背中を圧されて、芸能界のみならず、美術や映画、演劇、文学など多くのジャンルにおける性暴力被害の告発が相次ぐようになった。それに先立って、若い黒人女性を支援するタラナ・バークが性暴力被害者支援活動の標語としてMeTooを提唱し、その後#MeTooとしてウェブ上のハッシュタグ・アクティビズムが急速に拡がった。

ニューヨーク・タイムズの告発に先立って、二〇一七年に日本ではフリージャーナリストの伊藤詩織が、みずからの性被害を実名を出して記者会見で公表した。同年に刊行した著書、『Black Box』(文藝春秋、二〇一七年)では、性被害の実態と、加害者が訴追されない闇の現実を「ブラック・ボックス」として赤裸々に告発した。加害者の元TVプロデューサー山口敬之は刑事訴追されなかったが、後に伊藤は民事告訴し、判決は加害事実を認めて山口に損害賠償を命じた。加害者が公訴事実を否認して名誉毀損の逆訴訟を起こしたり、またネット上では聞くに堪えない被害者バッシングが横行したが、伊藤はネット上の名誉毀損についても法廷に訴えて勝訴した。

翌二〇一八年には、財務省事務次官(当時)の福田淳一によるTV朝日の女性記者に対するセクハラが、週刊誌によって報道された。被害を受けた女性記者は匿名だったが、彼女が上司に相談したところ、「あなたのためにならない」ともみ消しを図られたことから、社内で解決できないと週刊誌媒体にリークしたものだった。上司は女性だという。福田事務次官の上司である麻生太郎財務大臣(当時)が、「セクハラ罪という罪はない」、「はめられたという説もある」

と発言して、女性の怒りを招き、抗議活動が拡がった。福田は事実を認めないまま依願退職し、退職金満額を受け取ったが、その後抗議によって省内に調査委員会が立ち上げられ、事実認定のうえ、懲戒処分に相当するとされた。

2　拡がる運動の裾野

当時、内外のメディアは「海外では拡がった#MeToo運動が、日本では拡がらなかったのはなぜか？」と問いを立てたが、それは事実ではない。アメリカではハリウッドという芸能界の大事件がメディアイベントとして注目を集めたが、日本では伊藤の実名告発にうながされて声を挙げる女性が登場し、また福田次官問題を契機に、超党派の女性議員が抗議活動をしたり、#MeToo、#WeToo、#WithYouなどの標語を掲げた院内集会や街頭行動が各地に拡がったにもかかわらず、マスコミが報道しなかっただけである。ある大手の新聞媒体の女性記者の証言によると、院内集会の取材企画書を男性上司に提出したところ、「報道価値がない」として握りつぶされたという。そういう経験が重なると、女性記者たちは萎縮して自己規制するようになる。

福田次官問題は、女性ジャーナリストたちに自分たちが「当事者」だという自覚をもたらした。報道は「中立・客観」でなければならないという信念が、彼女たちを縛っていた。記者自身が「当事者」になってはならなかったのである。新聞労連全国女性集会では、「セクハラも業務のうちと受忍してきた」、「女を使って記事をとってこいと先輩に言われた」などと赤裸々な実体験が寄せられた。民放労連が初めて実施したセクハラ調査からわかった興味深い結果は、セクハラの起きる状況が、福田次官問題のように取材先と情報を求める記者とのあいだのような権力勾配のある関係よりも、圧倒的に社内における上司や同僚との関係だったことである。つまりマスコミそれ自体のセクハラ体質があぶりだされることになった。

さらにこれまでタブー視されてきたスポーツ界、芸能界、美術界、音楽界などさまざまな分野での実態調査が行われるようになった。「表現の現場調査団」は二〇二二年に「ジェンダーバランス白書」を発表し、文学、芸術、芸能、映画、演劇などの現場における性差別を示した。

3　#MeToo運動の効果

日本における#MeToo運動の効果のひとつは、フラワーデモである。二〇一九年、フリージャーナリストの北原みのりらの呼びかけによって、思い思いの花を一輪手にもった女性たちが、性暴力に抗議するスタンディングデモを全国各地で行った。リーダーのいない自発的な集まりだった。そのなかで、初めて自分の性暴力被害を公表する女性や、涙を流してそれに共感する女性たちのつながりが生まれた。性暴力被害は、加害者や被害者の属性や両者のあいだの関係、被害が起きた状況などが多様かつ個別的で、被害者は自分を責める傾向がある。「これは私にだけ起きたことだ」という被害者の思いこみに対して、「性暴力被害者」という集合的カテゴリーは、その多様性を超えて被害を受けた当事者の連帯を可能にした。日本でも裾野は大きく拡がったのである。

もうひとつの大きな効果は、二〇二三年にメディアを揺るがした「ジャニーズ問題」であろう。芸能プロダクション「ジャニーズ事務所」の創業者、ジャニー喜多川が長期にわたって所属タレントの少年たちに行ってきた性加害は、一九八八年にすでにタレントのひとり、北公次が『光GENJIへ――元フォーリーブス北公次の禁断の半生記』(データハウス)のなかで告発したにもかかわらず、業界と大手メディアの共犯関係のもとで、いわば黙認されてきた。英国BBCのドキュメンタリー番組の告発を通じて、継続してきた加害期間の長さと規模の大きさが明るみに出されて衝撃を与え、ついにジャニーズ事務所の社名変更と、新会社の設立に至った。喜多川による性加害が問題化されなかった理由は、第一に芸能界という特殊な世界のできごとであると黙認されてきたこと、第二に男性による男性に対する性暴力であることだった。

性暴力に対する許容水準を著しく低めたのは、それまでに蓄積してきた#MeToo運動を含む性暴力への抗議活動の成果である。八九年に「セクシュアル・ハラスメント」が流行語大賞になってから三〇年余り。三〇年前には許容されたかもしれないことが、三〇年経って許容できない「性暴力」として再定義されたのである。そのあいだに被害者とその支援者たちは、裁判闘争を通じて勝訴の判例を積み重ねてきた。その蓄積があって初めて、ジャニーズ問題が「問題」とされたことを忘れてはならない。

4　定義が変わり、法律を変える

この過程を通じて「性暴力」の定義は大きく変化した。それまで多くの加害者は殴る、蹴るなどの直接的な身体的暴力を用いないことを以て、被害者との性交を「合意」と呼んできた。「性暴力」はそうした身体的な暴力に限らず、ノーを言えない権力勾配のある関係そのものを、構造的暴力と見なすようになった。日本における#MeToo運動のきっかけを作った伊藤詩織は、後になって「セクハラ」と言わずに自らを「性暴力被害者」と名のるようになった。

映画監督などに対する複数の女優からの性暴力告発をきっかけに、二〇二二年には是枝裕和監督ら「映画監督有志」による「私たちは映画監督の立場を利用したあらゆる暴力に反対します」という声明が出された。映画界も芸能界も特殊な世界ではなく、ほかの場所で人権侵害と見なされる行為は、どこにおいても人権侵害であることが認められた。俳優で日本芸能従事者協会代表理事である森崎めぐみは、全国芸能従事者労災保険センターの理事長として、事故に対して保障のないフリーランスの芸能従事者の支援や性被害にかかわってきた。厚労省の定義によれば、セクハラは就労継続を困難にする「労働災害」の一種である。こういう地道な活動の継続のうえに、映画界の性暴力の告発も可能になった。

それだけではない。二〇一九年、名古屋地裁岡崎支部で一九歳の娘に長期にわたって実の父親が性交を強いた事件に「無罪」判決が出た。同時期にたてつづけにほかの二件の準強制性交等事件に無罪判決が出て、女性のあいだに大きな衝撃が走った。現行刑法では強姦罪は、被害者が「抗拒不能《こうきょふのう》」であることを証明しなければ成立しない。被害の事実が認定されたにもかかわらず、一九歳という年齢に達した被害者が、「抵抗できたのにしなかった」ことが無罪の理由とされた。だが、身体的のみならず、心理的にも長期にわたる従属関係のもとで「心理的に抵抗できない」状態に置かれることは、精神科医の鑑定書によって証明されていた。この訴訟は、その後二〇二〇年に控訴審で逆転有罪となった。

現行刑法が被害者に異様に高いハードルを課すことから、二〇二〇年以降、刑法改正が女性運動の課題となった。二〇二三年改正に当たっては、性交同意年齢の一三歳から一六歳への引き上げや、「強制性交罪等」を「不同意性交罪等」に置き換えることが求められた。「同意なき性交」はすべて「不同意性交罪等」にあたり、そこには「同意しない意思を形成し、表明し若しくは全うすることが困難な状態」という定義要件が含められた。すなわち当事者が「ノー」と言わなかったことを以て、「同意」と判断することは認められなくなったのである。この刑法改正に当たっては、性暴力被害の当事者団体である一般社団法人「Spring」(創設者、山本潤)らが大きな役割を果たした。

5 制度を変える当事者

近年のフェミニズム・リブート(再起動)のなかで、法改正や制度の変更にあたって、当事者やその支援団体がはたした役割はきわめて大きい。

二〇二一年、ジェンダー課題が初の国政選挙の争点になった衆議院選挙で、選択的夫婦別姓に反対する議員に対する落選運動、別名「ヤシノミ作戦」が実施され、一定の効果を上げた。それに先立って、夫婦同氏を強いられることから不利益を受けると事実婚のカップルが訴訟を起こすなど、さまざまな動きが起きてきた。二〇一五年には最高裁が「夫婦同氏」を合憲と認めたが、それは「民法は夫もしくは妻の氏のいずれを選ぶかを強制していない」という形式平等論に立つものであった。二〇二一年にはふたたび最高裁で「合憲」判決が出たが、大法廷の一五人の裁判官のうち四人の少数意見は「違憲判断」を示しており、うち一人は女性判事だった。二〇二四年には経団連の十倉雅和会長が選択的夫婦別姓の早期導入を提言している。世論調査でも多数が賛同する夫婦別姓が実現しない背景には、「家族の一体感が壊れる」と主張する根づよい宗教保守勢力の影響があることが、二〇二二年の安倍晋三元首相の銃撃事件で明らかになった。当事者団体「あすには」の代表理事、井田奈穂は保守勢力のバッシングを受けながら、別姓実現のための運動を粘り強く続けている。

安倍長期政権のもとで後退した性教育やSRHR(Sexual Reproductive Health and Rights 性と生殖に関する健康と権利)についても、若い女性を中心に運動が起きた。二〇代の福田和子は「なんでないのプロジェクト」で、日本におけるアフターピル(緊急避妊薬)の解禁が諸外国に比べて著しく遅れていることを問題にした。二〇二三年には一部の薬局でようやく医師の処方箋が必要ない試験販売が始まったが、一八歳未満は保護者の同意が必要だったり、単価が高かったりと、いまだにハードルは高い。

コロナ禍のもとで「生理の貧困」が問題になったことで、月経への社会的認識も高まった。

コロナ禍によって職を失ったり労働時間が減ったりすることで収入が減少した女性のなかには、月経用品を買うことにも不自由し、外出を控えるとかナプキンの交換回数を減らすような苦渋の選択をする女性がいることが判明した。月経中の女性にとっては、月経用品はトイレットペーパー並みの必需品である。コロナ禍期間に実施された「女性のための相談会」では、支援物資のなかに月経用品を組み入れるのがあたりまえになった。それ以前から東日本大震災のような被災地では、支援物資に月経用品や紙おむつなど女性に対する配慮を行うようになった。それというのも支援者のあいだに女性が増えたことで、ようやく女性のニーズに目を向けられるようになったからである。

「生理の貧困」が問題化されるにつれて、自治体や大学などで月経用品をトイレに無料で常備する動きが起きている。今どきトイレットペーパーを常備しない公設トイレはないが、それならトレペなみの必需品である月経用品を常備するのは当然ではないか、という考えからである。一部の女子大学などではすでに女子トイレに月経用品を常備したところもあり、そのための経費は何ほどのものでもない。

これは女性身体について、大きなパラダイム変化をもたらした。そもそも月経を「生理」と呼ぶこと自体が、「月経」について口にしてはならないという婉曲語法《えんきょくごほう》である。月経という健康な女性の生理現象は、それまで第三者に知られないように処理し、不調があっても他人に気づかれないようにガマンするのが女性の「美徳」とされてきた。それが月経はあってあたりまえ、個人差はあるが「月経前症候群」や「月経困難症」で苦しむ女性もおり、月経前や月経中に女性がどんな経験をするかを、お互いのあいだで、場合によっては異性に対しても、公然と口にするようになった。

6　政治を変える

二〇二一年の衆院選と二〇二二年の参院選を通じて、女性の、とりわけ若年女性の声が政治に届いていないことを痛感した能條《のうじょう》桃子は、二〇代、三〇代の議員を男女同数にすることをめざしてFIFTYS PROJECTという団体を立ち上げた。二三年の統一地方選では二九人の女性立候補者を支援してうち二四人を当選させた。

女性議員が増えない理由に、女性立候補者が増えないことがあげられる。立候補者が増えなければ、有権者の選択肢はない。日本の女性は選挙権を獲得してきた後も、男性よりも高い投票率で選挙権を行使してきたにもかかわらず、被選挙権を行使してこなかった。一八歳選挙権で投票年齢が低下したにもかかわらず、被選挙権があいかわらず二五歳や三〇歳のまま引き下げられないことに抗議して、二〇二三年、二五歳の能條は被選挙権が三〇歳以上の神奈川県知事選に立候補した。規定どおり立候補届は「不受理」となったが、被選挙権の引き下げを求めて集団訴訟を起こした。訴訟の「原告適格」には、損害を被った当事者である必要があるため、立候補届が「不受理」であったことで損害を受けた当事者にみずからがなったのである。「若い世代の声が届く政治」を求めて、二〇二四年現在一九歳から二五歳までの六人が原告団となっている。

スポーツ界、芸能界とつぎつぎに性暴力の告発が相次ぐなかで、性暴力の最後の「聖域」は政治の世界かもしれない。濱田真理はお茶の水女子大学大学院の研究課題として女性議員に対するハラスメントを調査し、その結果にもとづいて二〇二一年にStand by Womenという女性議員への支援団体を立ち上げた。政治という男の世界に少数派として入っていった多くの女性議員が議会で孤立するのみならず、同僚の男性議員や後援会の支援者などからハラスメントを受ける実態を暴いた。有権者から投票を代償に受ける「票ハラ」ということばも登場した。いずれもこれまで隠されていた被害だった。

ほかにも政治家や著名人の性差別発言に抗議が集中したり、性差別的なCMが炎上して短期間に取り下げられたり、という例は枚挙に暇《いとま》がない。ありとあらゆる分野で女性が性差別を告発し、それに対する受忍限度が著しく低くなったのは、女性自身が被害を受けた当事者性を引き受けたからにほかならない。若い女性の抗議アクションに対して、年長の女性たちも「私たちがガマンしてきたことで、同じ思いをあなたたちにさせてしまった、ごめんなさい」と言い始めた。女性が性差別を受忍することで被害者でありつづけることが、ほかの女性に対しては加害者になる場合もある。受忍するだけではない。反対に「この程度のことで傷つかない」「騒ぎ立てる女は見苦しい」と強がることで、「弱さ嫌悪」を示す女性もまた、問題を矮小化《わいしょうか》することで加害に加担してきたのである。

「こんなことは自分たちの世代で終わりにしたい」と、被害者であることに「ノー」を言うためには、まず被害者としての当事者性を引き受けなければならない。女性運動はこれまでも、これからも、当事者運動なのである。

14章 （増補）当事者研究の新展開

1　当事者研究の登場

二〇〇三年刊の本書初版の頃は、当事者研究の黎明期であったと言ってもよいかもしれない。初版で「当事者学」と名づけた研究動向は、その後、二〇〇五年刊の『べてるの家の「当事者研究」』（医学書院）の普及と影響によって、ほぼ「当事者研究」として定着した。したがって本書でもこれ以降、「当事者研究」という用語を使う。

二〇〇八年に刊行された綾屋紗月と熊谷晋一郎共著の『発達障害当事者研究――ゆっくりていねいにつながりたい』（医学書院）と、その翌二〇〇九年に刊行された熊谷著の『リハビリの夜』（医学書院）は、当事者研究にひとつの画期をもたらした。綾屋は発達障害、熊谷は脳性まひの身体障害の、それぞれ当事者である。両書は当事者としての経験に加え、それを理論的に概念化する試みを含んでいた。それまで精神科医療界隈における認知行動療法の一種とローカライズされていた当事者研究が、多様な障害分野に領域横断的に適用可能な方法として、一気に普遍性を獲得した。

本書もまた、当事者研究の普及に貢献したといえよう。

障害をもつ当事者だけでなく、「家族当事者」も当事者、被害当事者に対しては加害者も加害当事者、支援者も支援当事者……と概念は拡張していき、「当事者」というこの便利な概念は一種のインフレーションを起こし、関係者が危機感を抱くほどになった。障害者運動のなかでは、当事者とその家族、支援者、専門家の利害を切り分けることが「当事者」概念の当初の意図だったのに、それが失われる可能性があった。また専門家からは、当事者経験を絶対視することへの批判も招いた。

しかし当事者研究が燎原《りょうげん》の火のごとくいろいろな分野に拡がることを妨げることは、誰にもできなかった。精神障害、発達障害、身体障害のみならず、障害と一見みえない「生きづらさ」の当事者研究や、「非モテ」の当事者研究、さらには「支援者とは何者か」という支援者の当事者研究、そしてマイノリティをマイノリティ化する当事者である『ソーシャル・マジョリティ研究』(綾屋紗月他、金子書房、二〇一八年)も登場した。

認知症者の当事者研究もまた登場した。

それまで認知症者は知的障害者、精神障害者と同様に、発話ができるにもかかわらず、どれだけ発言してもまともにとりあってもらえない、という立場に置かれてきた。それが認知症当事者の発言が聞かれるようになり、社会へ発信するようになった。それには佐藤雅彦や丹野智文のような若年性認知症者からの発信が影響力をもった。

そのきっかけを作ったのは、二〇〇四年「認知症の人と家族の会」が主催し、京都で開催された「国際アルツハイマー病協会第二〇回国際会議」でのクリスティーン・ボーデンによる講演だった。九五年に四六歳でアルツハイマーと診断された若年性認知症のボーデンは、認知症者の経験を当事者の側から語り、社会の側が「認知症者から学ぶ」必要性を説いた。ボーデンの名で書いた著書に、『私は誰になっていくの？ アルツハイマー病者からみた世界』(クリエイツかもがわ、二〇〇三年)があるが、その後ボーデンは、自分が認知症であることを明かしてパートナーを得て、ブライデンと改姓して『私は私になっていく 認知症とダンスを』(クリエイツかもがわ、二〇一二年)を書いた。二〇一七年には夫と共に再び来日し、日本で認知症当事者の会を立ち上げることを示唆した。それに応じた丹野には『認知症の私から見える社会』(講談社、二〇二一年)がある。社会が認知症者を偏見で見ているなら、認知症者の側からは社会はこう見える、変わるべきは社会の側である、という当事者の声が次々と聞かれるようになった。

DIPExJapan (Database of Individual Patient Experiences) が収集する「健康と病の語り」シリーズもそのひとつである。そこには認知症当事者の語りだけでなく、家族の語りも収集されている。さらにがん患者に加えて、何万人にひとりと言われるような神経難病の患者の語りもある。

2　当事者研究の拡がり

熊谷晋一郎は東京大学医学部初の車いす学生であった。教育課程を経て医師国家資格試験に合格して小児科医となったが、その後、臨床現場を経て、東京大学が障害者のインクルーシブ教育を推進するにあたって創設した、東京大学先端科学技術研究センターの准教授に就任した。

熊谷に先立って二〇〇一年に盲ろうの二重障害をもつ福島智が「バリアフリー」分野に助教授として赴任し、二〇〇七年には准教授、二〇〇八年には教授に就任した。教授昇任の条件であった福島の二〇〇八年の学位取得論文は「福島智における視覚・聴覚の喪失と『指点字』を用いたコミュニケーション再構築の過程に関する研究」というもの。本人以外には書けない「当事者研究」そのものというべき論文であった。

熊谷の就任によって東大先端研の研究分野には「バリアフリー」に加えて「当事者研究」が加わった。熊谷は「当事者研究ラボ」を主宰し、先端研の理学系、工学系の研究者と共同して障害者の経験を解析して、説明可能にしようとしている。当事者研究には現象学系の哲学研究者が関心を示し、東京大学大学院総合文化研究科「共生のための国際哲学研究センター」教授の石原孝二が『当事者研究の研究』(医学書院、二〇一三年)という共著を刊行した。「当事者研究」はアカデミアに食いこんだのである。熊谷は当事者研究を牽引するリーダーのひとりとして、金剛出版から刊行されている『臨床心理学』増刊九号『みんなの当事者研究』(二〇一七年)、同一〇号『当事者研究と専門知』(二〇一八年)、同一一号『当事者研究をはじめよう』(二〇一九年)の責任編集者として、異なる障害分野を横断して違いと共通性を比較検証しながら、当事者研究の普遍的な方法を打ち立てようとしている。

社会学界にも当事者研究は影響をもたらした。アスペルガー当事者である高森明(ペンネーム)は、二〇〇八年に「アブノーマライゼーション宣言　異邦人および変異体のための問題提起集」を世に問うた。当事者研究はもともと障害学の「医学モデル」から「社会モデル」へのパラダイム転換にともなって、障害者の「包摂」を求めるノーマライゼーションの理念から出発したものだが、高森の「アブノーマライゼーション宣言」は、七〇年代の障害者当事者運動、「青い芝の会」の行動綱領にある、「われらは愛と正義を否定する」、「われらは問題解決の路を選ばない」を引き継いだ、挑戦的なものであった。「アブノーマライゼーション宣言」は、マジョリティの「承認」による包摂を拒否し、理解を拒んで「異なった者」として生きていくことを要求する。「宣言」の「条文」を一部紹介しよう。

(1)異邦人および変異体は「当事者は人間としての承認、共生、理解、支援、社会参加を望んでおり、それを求めていて然るべき相手」であるという認識こそ、障害者支援の世界にはびこる最大の偏見であり、認識の暴力であると見なす。

(2)異邦人および変異体は「当事者は支援の力によって観察/解釈/理解/統御可能な相手だ」と見なす支援諸科学の傲慢な理解のあり方を否定し、統御不能な存在となることを志向する。

この宣言に衝撃を受けた社会学者の樫田美雄と小川伸彦は、高森の挑戦を受けて、二〇一四年第八七回日本社会学会大会に「当事者宣言の社会学」というテーマ・セッションを設け、それをもとに同名の編著『〈当事者宣言〉の社会学 言葉とカテゴリー』(東信堂、二〇二一年)を著した。上野も同書に「当事者の社会学へ向けて」という一章を寄稿した。その後、高森は東大先端研の「社会包摂システム分野」の学術専門職員のポストに就いている。

他方、当事者研究の発祥の地であった「べてるの家」の関係者も、北海道浦河から出て東京池袋に「べてぶくろ」という団体を設置、各地で当事者研究の普及に尽力するようになった。当事者研究ネットワークもでき、「当事者研究全国交流集会」も、回を重ねるようになった。

3　多様化する当事者研究

当事者研究の裾野がこれだけ拡がれば、何が当事者研究の名に値し、何がそうでないかという正統と異端の争いも起きる。だが当事者研究を名のる現場では、かかえる問題の種類や集団の性格にしたがってさまざまな創意工夫が重ねられ、「当事者研究」の多様性はますます拡大し、定義はむずかしくなってきた。

当事者研究はその現場から、アカデミアや専門知にはとうてい得ることのできない、当事者の「経験知」というべきものを生み出してきた。

例を挙げれば、熊谷は「自立」を定義して「依存先の分散」と呼んだ。障害者運動に言う「自立」と高齢者福祉における「自立」が一八〇度違うことは1章で指摘した。介護保険法の「高齢者の自立支援」にいう「自立」とは、誰にも依存しない状態を指す。具体的には介護保険からの「卒業」が「自立」である。他方、障害者総合支援法にいう「自立」とは、他者の介助を得て自己決定することを言う。Independence（自立＝依存のない状態）とautonomy（自律＝自己決定）の違いと言ってもよい。熊谷はそこに、「依存先の分散」をつけ加えた。「自立」とは「依存がないこと」を意味しない。「誰かひとりに深く依存していると自覚しないですむ状態」

のことを、彼は「自立」と定義したのである。

小児のころ、脳性まひの後遺症をもった熊谷は、母親に深く依存し、母親なしでは生きていけないと感じてきた。母は母で、自分なしにこの子は生きていけないと感じていただろう。このような閉じた依存関係のもとで、親の側が追いつめられたときに、「いっそひと思いにこの子を連れて……」となることは想像に難くない。その閉塞を感じた彼は、親の家を飛び出して進学し、多くのボランティアに支えられる単身生活を選んだ。大きな大黒柱を失っても小さな筋交《すじか》いがたくさんあれば、そのうちいくつかがなくなっても生きていける、と。

さらに彼はそこに依存の「需要の独占」と「供給の独占」という概念を追加した。「需要の独占」とは「お母さんはボクのためだけにいる」と言うもの、「供給の独占」とは「この子の世話は私にしかできない」と言うものである。このいずれをも避けるべきだという当事者の経験知は、他の事例においても普遍性をもっている。重度障害児や医療的ケア児を養育する親がしばしば陥りがちな「供給の独占」は、親亡き後の障害をもった子どもの生存確率を低下させるし、他方で「需要の独占」は介助者の人生をいちじるしく制約する。障害者運動がめざした目標は「供給の独占」から当事者を解放することであったし、障害児の親の会がめざした目標は「需要の独占」から親を解放することであった。

「非モテ」の研究からも興味深い経験知が生まれている。西井開は『「非モテ」からはじめる男性学』(集英社新書、二〇二一年)で「男の生きづらさ」をテーマとする当事者の自助グループの参与観察を通じて、女性を過度に理想化する「女神化」や、「恋人さえいれば人生が一変する」と妄想する「一発逆転主義」といった、既存の心理学にはない概念を生み出した。そうした当事者研究の成果が、学位論文としてアカデミアに受容される時代が来たのである。

当事者研究の「仮想敵」は、専門知とパターナリズムであった。アカデミアや医療業界によってオーソライズされた当事者研究の将来はどうなるのだろうか？　専門知に領有されて当初の創造性を失っていくのだろうか。あるいは医療の一部に技法としてとりこまれて、保険点数化していくのだろうか。反対に当事者研究から専門家が学ぶことによって、専門知そのものが豊かになっていくのだろうか。当事者研究のなかから専門家や研究者が生まれている現在、当事者が生み出す「臨床の知」や「ローカル・ナレッジ」と普遍性をめざす「専門知」とは互いに排除しあう関係にはなく、その往還《おうかん》が両者を豊かにしてゆくことを期待しよう。

当事者運動に従事している人たちの表情は明るい。自信と活力にあふれている。この活力はいったいどこから生まれてくるのだろうか。当事者たちの共通点は、五年から一〇年もたてば、いまは無理と思えることでも、いま大多数の人々が常識だと思っていることでも、自分たちが信念を持って粘り強くあたれば、変えられるという自信であろう。たしかに自立生活運動はかつては不可能とか夢想と思われてきた公共交通機関のアクセス化を果たし、日本中に自立生活センターを作り、二四時間の介助サービスを実現し、社会の障害者観を変え、自立生活を政策的に実現してきた。

現代社会に必要なのは、個人個人が当事者となり、自分自身の人生に対する主権を行使することではないだろうか。そうすることで、社会は自分たちの望む方向に変わる。障害者は一歩先に自立したが、むしろ多くの非障害者はまだ自立できてはいない。世の中をこんなものさ、と受け容れていれば、自分のニーズにさえ気づかない。そのために、非障害者は当事者にさえ、なれないのだ。障害者の自立の理念に学んで、変えられないと思っている社会を変えてみようではないか。

どんな運動や組織にも、いったん成立すれば、それ自身の存続が自己目的化してしまうという傾向がある。営利を目的とする企業体ならば、市場が必要としなくなれば、淘汰《とうた》されるという道があるが、とりわけ非営利を旨とする公益事業、たとえば国や自治体が作る外郭団体、公団・公社や財団などは、常態化し、肥大化するという傾向がある。

市場には参入の道とともに退出の道が拓かれているのに対して、公益法人は、作るのはやさしいが、廃止するのはむずかしい。民間の非営利団体ならば継続が危ぶまれるところでも、税金を投入すれば、競争や淘汰の原理が働かないからである。ひとつには、これまでの公共事業に、適切な査定評価のメカニズムがなかったことにもよるが、もともとの組織の設計上の欠陥であるとも考えられる。組織を立ち上げるときには、その目的を決め、目的の完了と同時に組織が消滅するという、自己消滅系のシステム、遺伝子のようなものを組みこんでおく必要があるだろう。

自立生活センターは、自己消滅系のシステムをもっている。自立生活センターが障害者の自立を促進し、すべての障害者が自立をし終わったときに、利用者を失った自立生活センターは、目的を完遂《かんすい》して消滅する。

自立生活センターが消滅することは障害者の完全な社会参加と平等が果たされたという、積極的なメッセージを伝える事態であり、社会のよい意味での発展である。

福祉サービスというのは、本来、地域社会の人々が平等で、すべての障害者が教育、就労、社会参加の場で同等の生活を享受できる社会においては、存在する理由のないサービスである。それは、特殊な「問題」をかかえた特殊な対象者に対するサービスではなく、誰でも必要なときに使える社会資源として利用可能なものであるべきだろう。誰でもふつうに一般社会のサービスが使えるときに、福祉サービスという特殊な種類のサービスは消え去るべきものである。

女性運動や性的少数者の運動も、その運動がターゲットとしている差別がなくなれば、歴史的使命を果たして、消滅する運命にある。

私たちは、性、年齢、障害、職業、民族、人種、国籍、階級、言語、文化、宗教などによる差別のない社会を求めている。移動の権利、居住の場所(施設か在宅か)を選べる権利、必要なときに介助を受ける権利、働く権利、働かない権利(必ずしも資本主義下の生産活動のみが労働ではない、子どもや高齢者のお世話をしたり、環境をよくする運動も労働といえる)を求めている。時代はいま、包括的な差別禁止法を求めている。

そのために、全世界の当事者よ、連帯せよ。

おわりに（増補）

二〇〇三年にこの本の初版を出して五年後、二〇〇八年に中西と上野は共編で『ニーズ中心の福祉社会へ――当事者主権の次世代福祉戦略』（医学書院）を刊行した。帯に「社会改革のためのデザイン！　ビジョン‼　アクション‼!」と書いたのは上野である。

二〇〇八年とはどんな年だったか？

9章にあるとおり、二〇〇六年に国連で障害者権利条約が採択、その翌年に日本政府は条約に署名、二〇〇九年三月に国会で批准が予定されていた。だがそれにともなう国内法の整備が追いつかないとして障害者団体はこれを阻止、その後二〇〇九年九月に問題が多かった「障害者自立支援法」の廃止を公約に掲げた民主党政権が誕生した。それからは、障害者総合支援法成立へ向けて障がい者制度改革推進会議のもとに総合福祉部会が設置された。そこに障害当事者団体が加わったのは、画期的なことであった。その後改めて障害者権利条約の批准に向けて、同部会のもとに差別禁止部会が設けられ、これにも障害当事者団体が専門家と並んで加わった。その成果は二〇一三年に障害者差別解消法として結実した。二〇一四年には国連障害者権利条約がようやく批准、「合理的配慮」の権利をかちとった。

政策決定過程への当事者団体の積極的な参加は、民主党政権下で推進されたものである。障害者政策に関して、民主党政権三人目で最後の首相であった野田佳彦が、記者会見の場で「当事者主権」ということばを口にした。そのころには「当事者主権」という概念は、政権トップに至るまで普及していたと見える。

二〇一二年に再び自民党が政権に復帰するまで、日本社会は変革の気運に溢《あふ》れていた。二〇一一年に東日本大震災で大規模な打撃を受けたあとも、それまでの原発政策への反省から「ニッポン、変わらなくちゃ」という切迫した気分があった。だが不幸な災害と政権の失速によって、日本国民は「復興」ではなく、「復旧」、すなわち現状維持を選んだ。

二〇〇八年の共編著はそういう変革の上昇気流に乗って生まれた。執筆者は大沢真理や広井良典など社会政策学者から、立岩真也、笹谷春美、春日キスヨ、齋藤曉子など障害と高齢の現場を調査してきた研究者、さらに池田徹のような実践家に至るまでを網羅した。

10章の「当事者主権の福祉戦略」で、中西は福祉サービスの利用者とその家族から成る二〇〇〇万人規模の「ユーザーユニオン」を提唱する。その提案は今も古びていないばかりか、六年後の今日に至るまで実現の見通しは立っていない。一部引用しよう。

「日本では障害者運動はあったが、高齢者運動と呼べるものはほとんど存在しなかった。ニーズは要求して初めて満たされる。まずはサービスを利用する当事者がニーズを顕在化し、声をあげることが求められている。その点において、高齢者が障害者運動から学ぶことは多い。」障害者の権利のために闘いつづけてきた中西は、「要求しないものが向こうから与えられることはない」と断言する。

その中西が参照するのは、三九〇〇万人の会員を擁すると言われるアメリカのAARP（発足時は全米退職者協会）である。二大政党である民主党にも共和党にも支持を与えず、両政党の高齢者政策に大きな影響力を行使してきたNPOである。

日本にはAARPに匹敵するような高齢者の当事者団体が存在しない。介護保険改悪阻止のアクションにかかわってきた上野は、この過程を通じて日本に高齢者福祉政策に関して権利要求をする当事者主体が存在しない限界を痛切に感じるようになった。聞かれるのは当事者側の声ではなく、事業者やワーカー側の声ばかりだが、それさえ全国的に組織されているとは言いがたい。保険事業者である自治体ごとに分断され、また職種ごとに細分化されて、サービス提供者の横断的な利益団体も確立しているとは言えない。

介護保険の歴史はまだ二〇年余、それ以前には介護支援専門員（ケアマネジャー）や訪問ヘルパーといった職種そのものが存在しなかったから、まだ専門職としての歴史は浅いと言ってよいかもしれない。何より「要介護高齢者」そのものが、介護保険制度によって新しく生まれたカテゴリーであり、利用者の当事者性はすこぶる希薄である。介護保険制度が、高齢当事者のニーズによって生まれたというより、介護世代の家族介護負担の軽減を意図として生まれたことはすでに述べた。高齢者はニーズの当事者になってこなかったのである。

それだけではない。介護現場を歩いて感じたことがある。介護保険初期の要介護高齢者、年齢層で言うと八〇代、九〇代の、とりわけ女性たちは、昭和の時代を生きた世代の日本人だった。彼女たちは権利意識が弱く、家族のために生き、家族のなかで老いていった。家族の世話をすることが存在理由だった女にとって、家族によって世話される立場になることは、居場所を失うことだった。彼女たちは家族の求めに応じて、デイサービスへ行き、ショートステイをロングステイに変え、施設入居に甘んじたのである。

だが「青い芝の会」のような権利主張をしてきた若年の障害者はそうではない。東京都多摩若年性認知症総合支援センターの来島《きたじま》みのりが、講演会で若年性認知症の人の傾向について以下に述べた特徴は、これからの権利意識の強い高齢者にもあてはまるだろう。

(1) デイサービスに行きたくない
(2) ショートステイにも行きたくない
(3) 暮らしを管理されたくない
(4) 老人ホームには入りたくない
(5) 子どもだましのリクレーションやおためごかしの作業はやりたくない
(6) 他者に自身のことを決めてほしくない

高齢者像はどんどん変化している。これからは戦後教育を受けた権利意識の強い世代が要介護者になっていくだろう。

中西が提唱するのは、年齢、家族状況、障害の種別を問わず「必要な時に、必要な人に、必要なだけ」届くユニバーサルな社会サービス法である。老障統合のみならず、一八歳からの全国民が加入する老障幼統合の「高齢者、障害者、さらには子どもを含めて制度的に一貫性のあるもの」にする必要がある。ただし障害者団体が強く危惧してきたように、サービス水準の低いほうに高いほうが合わせられることは絶対に避ける必要がある。老障統合にあたっては「高齢の介護保険をサービス上限のない障害者の自立支援制度〔当時〕に合わせることが必要で、その逆であってはならない」と中西は警告する。

政府はすでに介護保険の保険料負担を二〇歳以上にする案を検討しており、さらには「子ども子育て支援」の名の下に全国民への負担を要請しているが、高齢、障害、子どもと断片化され、一貫性のない施策よりは、介護保険に倣《なら》った育児保険が成立するほうがよい。それはスウェーデンの両親保険や日本の育休中の親に対する失業保険からの給付のように、休業中の親に対して与えられる「逸失利益《いっしつりえき》」に対する所得保障ではなく、子ども自身の「育つ権利」を社会が保障するものでなければならない。

かねがね上野は、介護保険に言う要介護5の定義、「寝たきり、たれながし、自力寝返り不能」の条件にそっくりあてはまるのは、生まれたばかりの新生児だと言ってきた。介護保険で要介護5の高齢者にケアマネジャーがつき、月額上限およそ三六万に及ぶサービス利用料が給付されるならば、新生児にも育児ケアマネジャーがつき、同額の育児支援サービスが得られるとしたら、新生児の親の孤立も負担も著しく軽減するのではないだろうか。子どもが育つにつれて、要育児度が下がっていくことが期待されるが、障害をもった子どもの場合には給付水準を維持するだけでなく、必要に応じて二四時間サービスが得られるようにすればよい。

年齢や性別、障害の種別を問わず、「必要な人に必要なサービスが届く」ユニバーサルな社会サービス法を実現するための段階的なステップを、中西は以下のように提示する。

(1)介護保険を障害者制度に近づける。利用量の上限をなくし、利用者の社会参加を可能にする介護サービスを実現する。その際、財源は保険＋税の組み合わせとする。

(2)障害者自立支援法を改正し〔後に障害者総合支援法に改正〕、障害の種別にかかわらず本人のニーズに応じて自己負担なく必要なサービスを地域で十分利用できるようにする。施設を閉鎖し、望む人すべてが地域で暮らせるようにする。その財源は税とする。

(3)最終的には介護保険法と〔障害者〕自立支援法とを撤廃し、年齢や障害の種別にかかわらず本人のニーズに応じて自己負担なく利用できる社会サービス法を制定する。その財源は税とする。

以上を示して、中西は「夢物語に聞こえるだろうか?」と問いかける。

中西・上野の共編著では、「そのための理念とグランドデザインは提示され、制度と運用上の問題点とその克服の方法や、財源や負担の現実的な可能性も検討されている」。したがって「あとはそれを実現するための合意形成だけである」と力強い。

そのための当事者団体、二〇〇〇万人規模の「ユーザーユニオン」の根拠はこうである。

「〔二〇〇八年〕現在、六五歳以上の高齢者は二五〇〇万人、障害者は七二三万人、あわせて三二〇〇万人以上いる。これらの人々は福祉サービスの潜在ユーザーである。そのうち福祉サービスの実際のユーザーは二〇〇八年時点で高齢者三六八万人〔介護保険利用者〕、障害者四四万人。二〇二五年には高齢化率が二五％になると推定されており、超高齢化にともなって後期高齢者も増加するから、要介護率も増えることが予想される。また慢性疾患や認定・非認定の難病患者、障害認定を受けていない精神疾患の患者たちも福祉サービスの潜在ユーザーであろう。」

そこから「福祉サービスユーザーのニーズを組織化した大規模な団体」がぜひ必要だと中西は説き、その規模は「少なくとも二〇〇万人、できれば二〇〇〇万人の会員を目標としたい」と言う。

北欧福祉先進国の手厚い社会保障を指をくわえて見ている私たちに、かの国の人たちはこう言った。

「私たちにできたことが、どうしてあなたたちにできないの？」

政治とは合意形成の技術である。政治はつねに多数派の利害で決まるとは限らない。私たち

「当事者」には、理念と正義、そしてエビデンスがある。

権利と制度は向こうから歩いてやってこない。要求して初めて与えられる。要求とは違ったものが差し出されることもある。獲得したと思ったものもいつのまにか奪われ、掘り崩される。本書で述べてきたのは、そのような障害者運動と女性運動、そして高齢者の当事者運動の歩みだった。

いずれすべての人々が「当事者」になる時代に、「当事者主権」とは、ほかならぬあなた自身の「権利」なのである。

あとがき

一九八六年より一六年間、自立生活運動を日本とアジアに広める活動をしてきた。自分自身の施設での二年にわたる生活のあと、私はたまたま障害がほかの人たちより軽く、そこから出てくることができたが、自分のあとに重度の障害者を捕囚のように残してきたという負い目を感じていた。そのことが、活動をつづけてきた動機のひとつである。彼らをいつの日か地域で自由に暮らせるようにしてあげたい、それは自分の義務でもあり、責任でもあった。

自立生活センターが全国一二五ヵ所に広がり、全都道府県で自立生活がある程度可能になる状況にはなったものの、二〇〇五年または二〇〇八年に、障害者が介護保険に組み込まれてしまうかもしれない、との恐れは拭い去れない。

障害者に自由な社会参加を認める介助サービスについては、いまだに国も認めたという発言はなく、一般市民においても障害者が二四時間に近い介助サービスを受けて暮らすことを十分納得しているとは言えない状態にある。この本を出版しようと思ったのは、「障害者が現在享受している社会参加を高齢者にも享受してもらいたい。そのためには、介護保険の介護範囲を障害者のサービスと同じレベルまで引き上げていくことが必要である。そして、その財源を確保するためには、市民の合意を得ることが不可欠」と考えたからである。また当事者主権を広めていくためには、最終的には専門家の権威、国の財政的な構造、市民の少数者に対する見かたや偏見の是正など、より大きな問題を解決しなくては最終的なゴールに到達することができない。そのため差別禁止法などの法的な変革と、市民の内的な精神改革をうながしていくことが、今後の日本社会のなかの個々人の自立とともに、欠かせない要素と感じられてきた。

自立生活運動の発足時に『ニード中心の社会政策』という自立生活運動の行動指針を示す本を出版したが、NPO法人の設立、自立生活センターの制度化と、この一〇年間にすべて目標を達成してきた。そこで、次の一〇年の行動指針を作りたいと、上野千鶴子さんに相談したところ快諾され、お忙しいなか、時間を割いて全国自立生活センター協議会の将来構想委員会にご出席いただいた。自立生活運動の次への展開について悩んで、福祉業界でない新たな分野で独創的な提言をしてくださる方がいないかと探していたときに、社会学者として既存の常識や物の見方にとらわれない柔軟な提言をされていた上野千鶴子さんに参加してもらおうと考えたことは、いま思うと本当にいいタイミングであったと思っている。

そのおかげでフェミニズムや生協運動など他の当事者運動について学ぶことができ、そのなかから共通する要素がいくつもあることに気づかされたことは驚きであり、新たな発見でもあった。年表にまとめてみると、公民権運動や学生運動の後、期せずして世界中でフェミニズム運動や障害者運動が起こり、八〇年代に発展し、九〇年代に既成の社会にインパクトを与え、法律改正や世論の牽引役《けんいん》となり始めていることには、大きな意味があるのだと気づかされた。自立生活運動単体で社会の変革をめざすよりは、これらの当事者団体がともに世界中で同じことをめざして活動していけるのだと知ったことは、私に大きな安堵感と希望を与えてくれることになった。

全国自立生活センター協議会の将来構想委員会では、第二回の会議において他の委員から、本書を二人の共同執筆で出版することをご了承いただいた。中西が苦手とする年表の作成や団体や制度名称の確認など、一番大変な部分をやっていただいた圓山里子さんや山下順子さんに感謝の意を表したい。また、編集者として坂本純子さんというよき理解者を得られ、誠に深く感謝している。

当事者無視の行政や政治に飽き飽きし、その社会を変えていきたいと個人では思いながら行き詰まっている状況のなかで、この本を読まれた読者は、きっとここに記されているような当事者主権を中心に今後の社会の展望が描けるようになる、と信じている。読者が何らかの当事者支援団体と今後関係をもっていただき、そして主権者として社会を変えていく側にまわっていただくことを心より期待している。

中西正司

思いもかけない偶然から、この本は生まれた。ちょうど一年前、それまで面識のなかった自立生活センターの中西正司さんから私はナンパ、ではなく一本釣りされ、八王子の事務所へのこのこ出かけていった。障害者運動が第二段階に入った時点で、この先一〇年の中長期戦略を立てたい、という提案だった。

＊　＊　＊

中西さんは障害者運動、上野は女性運動と、まったく異なる運動の現場にいながら、私はそのあいだにあまりにパラレルな動きがあることに驚いた。また先駆者としてつねに「次の一手」を考える、中西さんの戦略家としての問題意識や焦慮《しょうりょ》にも共感した。女性運動も、第二段階どころかバックラッシュの時期にはいっており、舵取りをあやまると致命的な事態が起きかねないところにさしかかっていたからである。

そう考えれば、中西さんと私との出会いは、偶然というより必然の出会いだったかもしれない。おりしもさまざまな当事者運動の流れが、お互いの経験に学びながら合流する時機が熟しかけていた。どんな成果も、口を開けて待っているだけではやってこない。この機運にのって、当事者主権という立場を強くうちだそう、そしてさまざまな当事者たちにメッセージを送ろう、と中西さんと私は合意し、共著で本を書くことになった。何度かのブレーンストーミングはお互いの経験を照らし合わせながらアイディアを交換し、刺激に富んだものだった。ブレストに長時間おつきあいくださり、結果的に中西さんと上野のふたりで共著を書くことに同意してくださった立岩真也さん、樋口恵子さん、三沢了さん、高橋紘士さん、山田昭義さんには感謝している。

実際に作業を始めてみると、せっかちで集中力のある中西さんの仕事のペースは私のペースによく合っていた。途中で仕事を寝たきりにしてひきのばした責任は私にあるが、それ以外の点ではテンポよく作業を進めることができた。結局すべての文章をお互いに点検・改訂するという手続きをとったために、どこからどこまでが誰の分担執筆であるというようにはなっていない。文体上の落差もあまり大きくないよう配慮したので、とおしで読んで違和感のない文章にしあがっていることを期待している。

話には聞いていたが、実際にこうして本を著わしてみると、障害者運動が運動体および事業体として達成してきた成果の大きさに圧倒される。女性運動は運動体としては活動してきたが、事業体としては未成熟だった。逆に事業体としてなりたった生協やＮＰＯは、担い手の多くが女性でありながら、女性の視点が入らないというディレンマをかかえてきた。運動体と事業体の統一による当事者主権の徹底が、次世代型福祉の核心となるだろう。そのために、障害者運動から学ぶことは大きい。

この本が当事者団体のローカルな知から、社会全体の設計を考えるユニバーサルな知になるために、あえて新書というかたちで世に問うことを選んだ。そのためには、趣旨に共感する、信頼のおける編集者の伴走が不可欠だった。坂本純子さんがその任を果たしてくれたことに感謝したい。本書のコラボレーションが共著者のあいだの物理的な加算でなく、化学反応のような相乗効果を生みだしていることを願っている。

上野千鶴子

二〇〇三年九月

あとがき　増補新版によせて

二〇〇三年に出版した本書の初版は、福祉業界の関係者のみならず、広く静かに読まれつづけ、一八刷と版を重ねロングセラーとなった。「当事者主権」という聞き慣れない用語は、すっかり定着したようにみえる。岩波新書は月に三冊からのペースで刊行されるが、本書が出た月に同時に出版された他の二冊は全国紙の書評に取りあげられたのに、本書はついに書評の対象とならなかった。時期尚早すぎて見逃されたのだろうか。書評子の目は節穴か、と私は今でも不満に思っている。

「当事者」概念は、いまや多くの分野においてなくてはならないものになったし、またＤＰＩの標語である“Nothing about Us, Without Us”は、「当事者主権」の理念に限りなく近い。

あれからおよそ二〇年、その間に障害者運動や女性運動の領域で大きな変化があった。だが、本書の理念は古びていないばかりか、ますますその正しさが証明されてきている。また担い手が高齢化したことで、高齢者の問題もますます重要になってきた。

二〇〇三年刊の本書の初版時は、介護保険の施行と支援費制度のスタートを目の前にして変革の気運にあふれていた。食えなかったＮＰＯや運動体が食えるようになり、福祉業界には希望があった。その明るさは本書にも反映されている。

だが二〇年経った今日、劣悪な労働条件に留めおかれたままの福祉業界では、障害分野も介護分野も、ともに深刻な人手不足に陥り、存続が危ぶまれるようになった。制度の持続可能性の名において、政府はネオリベ的な改革を進め、社会保障を抑制しようとしている。油断はならない。手に入れたものさえ奪われることがあるのだ。

どんな変化も突然、起きるわけではない。過去からの経路や経験の蓄積のうえに、変化は起きる。そしてその変化がまたあらたに予想しなかった課題や困難をつきつける。

障害者運動の力強い軌跡から私たちが学ぶことは多いし、女性運動もまた社会の「常識」を変えてきた。障害者の人権や性差別の解消は、恩恵のようにどこかからもたらされるわけではない。当事者が要求し、闘いとることによって初めて手に入る。要求しないものが与えられることはないし、手に入ったと思うものさえ、守りつづけなければ足元を掘り崩される。中西は、当事者運動は「自己消滅系のシステム」だと言うが、それまでの道のりは遠い。

どんな変化も、ほかならぬあなたが当事者となって、起こすのだ。それを本書から学んでもらえれば、これ以上の喜びはない。

なお、本文中の敬称は省略した。

増補新版の執筆にあたって中西はヒューマンケア協会の山本広次郎さんの協力を得た。また二〇年余の変化を組みこんだ増補新版の刊行を勧めたのは、初版の担当編集者、坂本純子さんである。記して感謝したい。

二〇二四年一〇月

上野千鶴子

当事者運動年表

1964	アメリカで公民権法成立
70	「青い芝の会」障害児殺し減刑嘆願抗議行動
	国際反戦デーで「ぐるーぷ闘う女」など女だけのデモ
	日本で初のウーマンリブ大会
	府中療育センター闘争
71	初の全国リブ合宿
72	アメリカのバークレー自立生活センター設立
73	優性保護法改悪を阻止する全国集会
75	「国連女性の十年」始まる
	「国連婦人の十年をきっかけとして行動を起こす女たちの会」発足
77	国際女性学会設立，日本女性学研究会発足
	以後，女性学研究会(1978年)，日本女性学会(1979年)発足
80	日本初のフェミニストセラピィ「なかま」開設
	日本政府「国連女性差別撤廃条約」に署名
	「アジアの女たちの会」買春観光に反対する集会とデモ
	アルコール依存者の家族と友人のための自助グループ「アラノン・ジャパン」発足
82	日本初「ウィメンズブックストア松香堂」(京都)オープン
	「優生保護法改悪阻止連絡会」発足
	身体障害者家庭奉仕員制度の改正により派遣対象の拡大
83	「高齢化社会をよくする女性の会」発足
	「東京・強姦救援センター」設立
84	「浦河べてるの家」設立
85	男女雇用機会均等法成立
	国連女性差別撤廃条約批准
	フリースクール「東京シューレ」開設
86	障害基礎年金制度はじまる
	「ヒューマンケア協会」設立
	DPI日本会議発足
	来日アジア女性の緊急避難施設「女性の家HELP」開設
	動くゲイとレズビアンの会(アカー)設立
87	レズビアン・グループ「れ組スタジオ・東京」発足
	NABA(日本アノレキシア(拒食症)・ブリミア(過食症)協会)発足
88	「全国公的介護保障要求者組合」結成
	DPIの全国交通行動開始

90	ADA法(障害をもつアメリカ人法)成立
	「かながわ女のスペースみずら」発足
91	「全国自立生活センター協議会」JIL結成
	「男女間における暴力に関する調査報告書」
	育児休業法成立
	運輸省，鉄道駅におけるエスカレーター整備指針を策定
	動くゲイとレズビアンの会(アカー)府中青年の家裁判提訴〔1997年勝訴〕
	「アイヌ・モシリの自治区を取り戻す会」発足
	「従軍慰安婦問題ウリヨソンネットワーク」発足
92	厚生省，ホームヘルプサービス上限撤廃
93	運輸省，鉄道駅におけるエレベーター整備指針を策定
	第1回在日フィリピン女性交流会開催
94	日本軍「慰安婦」問題ネットワーク結成
	子どもの権利条約批准
	ハートビル法成立
95	ILO156号条約批准
	国連北京女性会議開催
96	市町村障害者生活支援事業
	各地の自立生活センターがホームヘルプ事業を受託
97	「キャンパス・セクシュアル・ハラスメント全国ネットワーク」設立
	男女雇用機会均等法改正
	介護保険法成立
99	男女共同参画社会基本法成立
2000	介護保険法施行
	交通バリアフリー法成立
	VAWW—NET Japan「女性国際戦犯法廷」開催
	アイヌの女の会結成
01	内閣府男女共同参画局設置
	高齢者住まい法成立
	ドメスティック・バイオレンス防止法成立
02	社会福祉法人「浦河べてるの家」設立
	「精神分裂病」の名称が「統合失調症」に改められる
03	支援費制度開始
	少子化対策基本法成立
	介護報酬第1回改定
	障害学会設立

| 厚労省，支援費制度予算 50 億円不足と発表
04 | 介護保険制度と障害者支援費制度との統合の議論がスタート
| 障害者の地域生活確立の実現を求める全国大行動
| 社会保障審議会障害者部会にて障害 8 団体が統合問題に対して意見表明
| 厚労省「今後の障害保健福祉施策について(改革のグランドデザイン案)」発表
| 10. 20 全国大行動
| 日本障害フォーラム(JDF)設立
| 発達障害者支援法成立
05 |「障害者自立支援法上程に異議あり！」全国行動
| 障害者自立支援法成立
| 介護保険法第 1 回改定
| 高齢者虐待防止法成立
06 | 介護報酬第 2 回改定
| 高齢者虐待防止法施行
| 高齢者，障害者等の移動等の円滑化の促進に関する法律(バリアフリー新法)成立
|「障害のある人もない人も共に暮らしやすい千葉県づくり条例」成立
| 国連障害者権利条約採択
07 | コムスン事件
| 日本政府，国連障害者権利条約署名
08 | 介護保険法第 2 回改定
| 改正ドメスティック・バイオレンス防止法施行
| 障害者自立支援法違憲訴訟
09 | 障害者権利条約批准国会承認の動きを JDF が反対し阻止
| 介護報酬第 3 回改定
| 民主党政権誕生／障がい者制度改革推進本部設置
10 | 障がい者制度改革推進会議発足
| 障害者自立支援法改正
11 | 東日本大震災，東北関東大震災，障害者救援本部立ち上げ
| 障害者虐待防止法成立
| 改正障害者基本法成立
| 介護保険法第 3 回改定
12 | 障害者総合支援法成立
| 介護保障を考える弁護士と障害者の会全国ネット発足
| 介護報酬第 4 回改定
13 | 障害者差別解消法成立

	障害者雇用促進法改正
	浅田訴訟
14	障害者権利条約批准
	難病の患者に対する医療等に関する法律(難病法：医療費助成，福祉サービスの対象疾病拡大)成立
	介護保険法第4回改定
15	天海訴訟
	女性の職業生活における活躍の推進に関する法律(女性活躍推進法)成立
	介護報酬第5回改定
16	ニッポン一億総活躍プラン．全世代型社会保障
	津久井やまゆり園事件
17	石川准，国連障害者権利委員会委員
	伊藤詩織『Black Box』出版
	介護保険法第5回改定
18	旧優生保護法に基づく強制不妊手術に対して仙台地裁に提訴(以降全国各地で提訴)
	財務省福田事務次官(当時)セクハラ事件
	政治分野における男女共同参画の推進に関する法律(候補者男女均等法)成立
	東京医科大学不正入試事件
	介護報酬第6回改定
19	名古屋地裁岡崎支部不当判決，各地でフラワーデモ
	視覚障害者等の読書環境の整備の推進に関する法律(読書バリアフリー法)成立
	介護報酬第7回改定
	ヘルパー国賠訴訟
20	新型コロナウイルス感染症，非常事態宣言
	介護保険法第6回改定
21	JDF，国連障害者権利委員会に総括所見用パラレルレポート提出
	東京五輪組織委員会森喜朗会長，性差別発言で辞任
	障害者差別解消法改正(合理的配慮民間事業者も義務化)
	医療的ケア児及びその家族に対する支援に関する法律(医療的ケア児支援法)成立
	東京パラリンピック開催
	介護報酬第8回改定
22	困難を抱える女性への支援に関する法律(困難女性支援法)成立
	障害者権利条約審査

	「表現の現場調査団」「ジェンダーバランス白書」発表
	障害者総合支援法改正
23	ジャニーズ問題表面化
	性的指向及びジェンダーアイデンティティの多様性に関する国民の理解の増進に関する法律(LGBT 理解増進法)成立
	刑法改正(不同意性交罪等導入)
24	介護保険法第 7 回改定／介護報酬第 9 回改定
	旧優生保護法強制不妊手術訴訟の最高裁判決

中西正司

1944年生まれ．20歳のときに交通事故により受傷し，四肢まひになる．86年日本で初めての自立生活センター，ヒューマンケア協会設立．90年DPI日本会議議長に就任．91年に全国自立生活センター協議会(JIL)を設立し事務局長に．97年市町村障害者生活支援事業全国連絡協議会を設立．現在，全国自立生活センター協議会顧問，ヒューマンケア協会代表．著書に『自立生活運動史』(現代書館)，『ニーズ中心の福祉社会へ』(上野と共編，医学書院)などがある．JIL http://www.j-il.jp/

上野千鶴子

1948年生まれ．社会学者．東京大学名誉教授，認定NPO法人ウィメンズアクションネットワーク(WAN)理事長．2011年「女性学・フェミニズムとケア問題の研究と実践」に対して朝日賞受賞．著書に『世代間連帯』(共著，岩波新書)，『近代家族の成立と終焉』(岩波書店，サントリー学芸賞受賞)，『生き延びるための思想 新版』『家父長制と資本制』(以上，岩波現代文庫)，『おひとりさまの老後』(法研)，『ケアの社会学』(太田出版)などがある．新刊に『こんな世の中に誰がした？』(光文社)．WAN http://wan.or.jp/

当事者主権 増補新版　　岩波新書(新赤版)2042

2024年11月20日　第1刷発行

著　者　中西正司《なかにししょうじ》　上野千鶴子《うえのちづこ》

発行者　坂本政謙

発行所　株式会社 岩波書店
〒101-8002 東京都千代田区一ツ橋2-5-5
案内 03-5210-4000　営業部 03-5210-4111
https://www.iwanami.co.jp/

新書編集部 03-5210-4054
https://www.iwanami.co.jp/sin/

印刷・精興社　カバー・半七印刷　製本・中永製本

ISBN 978-4-00-432042-5　Printed in Japan

岩波新書新赤版一〇〇〇点に際して

ひとつの時代が終わったと言われて久しい。だが、その先にいかなる時代を展望するのか、私たちはその輪郭すら描きえていない。二〇世紀から持ち越した課題の多くは、未だ解決の緒を見つけることのできないままであり、二一世紀が新たに招きよせた問題も少なくない。グローバル資本主義の浸透、憎悪の連鎖、暴力の応酬――世界は混沌として深い不安の只中にある。

現代社会においては変化が常態となり、速さと新しさに絶対的な価値が与えられた。消費社会の深化と情報技術の革命は、種々の境界を無くし、人々の生活やコミュニケーションの様式を根底から変容させてきた。ライフスタイルは多様化し、一面では個人の生き方をそれぞれが選びとる時代が始まっている。同時に、新たな格差が生まれ、様々な次元での亀裂や分断が深まっている。社会や歴史に対する意識が揺らぎ、普遍的な理念に対する根本的な懐疑や、現実を変えることへの無力感がひそかに根を張りつつある。そして生きることに誰もが困難を覚える時代が到来している。

しかし、日常生活のそれぞれの場で、自由と民主主義を獲得し実践することを通じて、私たち自身がそうした閉塞を乗り超え、希望の時代の幕開けを告げてゆくことは不可能ではあるまい。そのために、いま求められていること――それは、個と個の間で開かれた対話を積み重ねながら、人間らしく生きることの条件について一人ひとりが粘り強く思考することではないか。その営みの糧となるものが、教養に外ならないと私たちは考える。歴史とは何か、よく生きるとはいかなることか、世界そして人間はどこへ向かうべきなのか――こうした根源的な問いとの格闘が、文化と知の厚みを作り出し、個人と社会を支える基盤としての教養となった。まさにそのような教養への道案内こそ、岩波新書が創刊以来、追求してきたことである。

岩波新書は、日中戦争下の一九三八年一一月に赤版として創刊された。創刊の辞は、道義の精神に則らない日本の行動を憂慮し、批判的精神と良心的行動の欠如を戒めつつ、現代人の現代的教養を刊行の目的とする、と謳っている。以後、青版、黄版、新赤版と装いを改めながら、合計二五〇〇点余りを世に問うてきた。そして、いままた新赤版が一〇〇〇点を迎えたのを機に、人間の理性と良心への信頼を再確認し、それに裏打ちされた文化を培っていく決意を込めて、新しい装丁のもとに再出発したいと思う。一冊一冊から吹き出す新風が一人でも多くの読者の許に届くこと、そして希望ある時代への想像力を豊かにかき立てることを切に願う。

（二〇〇六年四月）